MÁXIMAS e REFLEXÕES

Título original inglês: *Maximes et Réflexions Diverses*
Copyright da tradução © Editora Lafonte Ltda., 2007

Direção Editorial *Ethel Santaella*
Tradução *Antonio Geraldo da Silva*
Colaborador *Luciano Oliveira Dias*
Coordenação Editorial *Ciro Mioranza*
Revisão *Rita del Monaco*
Design e diagramação *Tatiana Santos | Soluções Criativas*
Arte final *Lino Fernandes*
Imagens de Capa *Gravura de William Blake, Wikimedia Commons (capa A)*

Dados Internacionais de Catalogação na Publicação (CIP)
(eDOC BRASIL, Belo Horizonte/MG)

La Rochefoucauld, François, duc de, 1613-1680.
L327m Máximas e Reflexões / François de La Rochefoucauld; tradução Antonio Geraldo da Silva. – São Paulo, SP: Lafonte, 2025.
144 p. : 15,5 x 23 cm

Título original: Maximes et Réflexions Diverses
ISBN 978-65-5870-651-9 (Capa A)
ISBN 978-65-5870-652-6 (Capa B)

1. Máximas francesas. 2. Ética. I. Título.
CDD 848

Elaborado por Maurício Amormino Júnior – CRB6/2422

Editora Lafonte

Av. Profª Ida Kolb, 551, Casa Verde, CEP 02518-000, São Paulo-SP, Brasil
Tel.: (+55) 11 3855-2100, CEP 02518-000, São Paulo-SP, Brasil
Atendimento ao leitor (+55) 11 3855-2216 / 11 – 3855-2213 – *atendimento@editoralafonte.com.br*
Venda de livros avulsos (+55) 11 3855-2216 – *vendas@editoralafonte.com.br*
Venda de livros no atacado (+55) 11 3855-2275 – *atacado@escala.com.br*

François de La Rochefoucauld

MÁXIMAS e REFLEXÕES

Texto integral

Tradução
Antonio Geraldo da Silva

Lafonte

2025 • Brasil

ÍNDICE

APRESENTAÇÃO 7

MÁXIMAS E REFLEXÕES DIVERSAS OU REFLEXÕES OU SENTENÇAS E MÁXIMAS MORAIS 9

REFLEXÕES MORAIS 11

REFLEXÕES DIVERSAS 85

- 1 - DO VERDADEIRO 87
- 2 - DA SOCIEDADE 91
- 3 - DOS ARES QUE ALGUÉM SE DÁ E DAS MANEIRAS 95
- 4 - DA CONVERSA 97
- 5 - DA CONFIANÇA 99
- 6 - DO AMOR E DO MAR 103
- 7 - DOS EXEMPLOS 105
- 8 - DA INCERTEZA DO CIÚME 107
- 9 - DO AMOR E DA VIDA 109
- 10 - DOS GOSTOS 111
- 11 - DA RELAÇÃO DOS HOMENS COM OS ANIMAIS 113
- 12 - DA ORIGEM DAS DOENÇAS 115
- 13 - DO FALSO 117
- 14 - DOS MODELOS DA NATUREZA E DA SORTE 119
- 15 - DAS MULHERES SEMOSTRADEIRAS E DOS VELHOS 123
- 16 - DA DIFERENÇA DOS ESPÍRITOS 125
- 17 - DA INCONSTÂNCIA 129
- 18 - DO RETIRO 131
- 19 - DOS ACONTECIMENTOS DESTE SÉCULO 133

Apresentação

Um dos livros prediletos de Nietzsche, *Máximas e Reflexões* de La Rochefoucauld é uma obra que revela uma profunda observação do ser humano, num contexto histórico e social em que a religião ditava normas comportamentais rígidas, mas que eram observadas ou não de acordo com os interesses envolvidos na convivência social. Essa obra, de grande e vertiginoso sucesso logo depois de sua publicação, trata, mais do que a sabedoria popular, geralmente presente nas máximas e provérbios, da moral social, da ética do comportamento em sociedade, dos vícios e das virtudes que afloram nas relações humanas. Transparecem ainda os aspectos psicológicos do indivíduo nas mais diversas situações de convívio, aspectos que se manifestam no amor e no ódio, na benquerença e na inveja, no interesse e no desinteresse, na força e na fraqueza, no empenho e na preguiça, na verdade e na mentira, na lealdade e na falsidade, enfim, na virtude e no vício, no bem e no mal, princípios, estes últimos, que sempre conduziram e sempre haverão de conduzir as complexas relações humanas.

Máximas e Reflexões é um livro que analisa as reações do eu, do tu, do nós, dos outros na vida em sociedade. Apesar do pessimismo com que, em muitas passagens, encara o mundo dominado pelos interesses em detrimento dos sentimentos, o autor consegue transmitir sua mensagem que privilegia os bons sentimentos, as virtudes, as boas relações que se caracterizam pela lealdade, fidelidade, respeito, honestidade. Em seu estilo, não deixa de valer-se de sutil ironia para desmascarar e criticar muitos dos vícios e comportamentos escusos que eram tolerados, quando não elogiados, na sociedade de sua época.

A segunda parte do livro apresenta uma série de reflexões, sob a forma de crônicas, relacionada com variados temas, como se pode constatar pelo próprio índice. Algumas delas podem parecer superficiais ou inconsistentes, mas deve-se ter presente que refletem o pensamento vários séculos atrás e, além disso, o pensamento do próprio autor, com o qual se pode concordar ou não.

O tradutor

Máximas e Reflexões Diversas

(ou Reflexões ou Sentenças e Máximas Morais)

edição de 1665

Reflexões Morais

Nossas virtudes não são,
na maioria das vezes,
mais que vícios disfarçados.

O que tomamos por virtudes muitas vezes não é mais que um conjunto de diversas ações e de diversos interesses que a sorte ou nossa habilidade sabem arranjar; e não é sempre por valor ou castidade que os homens são valentes e que as mulheres são castas.

O amor-próprio é o maior dos aduladores.

Por mais descobertas que tenham sido feitas no país a respeito do amor-próprio, restam ainda muitas terras desconhecidas.

O amor-próprio é mais hábil que o homem mais hábil do mundo.

A duração de nossas paixões não depende mais de nós do que a duração de nossa vida.

A paixão faz muitas vezes do homem mais hábil um louco e torna muitas vezes hábeis os mais tolos.

Essas grandes e brilhantes ações que ofuscam os olhos são representadas pelos políticos como efeitos de grandes desígnios, ao passo que usualmente são efeitos do humor e das paixões. Assim, a guerra entre

Augusto e Antônio[1], que atribuímos à ambição que tinham de se tornarem donos do mundo, talvez fosse apenas efeito de ciúme.

As paixões são os únicos oradores que sempre persuadem. São como uma arte da natureza, cujas regras são infalíveis; e o mais simples dos homens, que tem paixão, persuade mais que o mais eloquente, que não a tem.

As paixões têm uma injustiça e um interesse próprio que fazem com que seja perigoso segui-las e que se deva desconfiar delas, por mais razoáveis que pareçam.

Há no coração humano uma geração perpétua de paixões, de modo que a ruína de uma é quase sempre o estabelecimento de outra.

As paixões muitas vezes geram outras que lhes são opostas. A avareza produz às vezes prodigalidade e a prodigalidade, avareza; somos muitas vezes firmes por fraqueza e audaciosos por timidez.

Por mais que cuidemos de encobrir nossas paixões por aparências de piedade e honra, elas sempre aparecem através desses véus.

(1) N.T.: Depois de sete anos formando os dois um triunvirato com Lépido (de 43 a 36 a.C.), Caius Julius Caesar Octavianus Augustus (63 a.C.-14 d.C.) se tornou senhor do ocidente, governando desde Roma; e Marcus Antonius (83-30 a.C.), senhor do oriente, sediado em Alexandria do Egito. A guerra entre ambos deu a vitória a Augusto, que passou a governar sozinho, até a morte, o imenso império romano. Derrotado, Antônio se suicidou.

Nosso amor-próprio sofre mais impacientemente a condenação de nossos gostos do que de nossas opiniões.

⚜

Os homens não estão sujeitos somente a esquecer benefícios e injúrias; odeiam até mesmo aqueles que lhes prestam serviços e deixam de odiar aqueles que os cobriram de ultrajes. A dedicação em recompensar o bem e em vingar o mal lhes parece uma servidão à qual com dificuldade se submetem.

⚜

A clemência dos príncipes muitas vezes não é mais que política para ganhar a afeição dos povos.

⚜

Essa clemência, de que se faz uma virtude, ora é praticada por vaidade, algumas vezes por preguiça, muitas vezes por temor e quase sempre pelas três coisas juntas.

⚜

A moderação das pessoas felizes vem da calma que a fortuna confere ao humor.

⚜

A moderação é temor de cair na inveja e no desprezo que merecem aqueles que se inebriam com a própria felicidade; é vã ostentação da força de nosso espírito; finalmente, a moderação dos homens em seu mais alto grau é desejo de parecer maiores que sua fortuna.

⚜

Todos nós temos força suficiente para tolerar os males dos outros.

A constância dos sábios não é mais que a arte de encerrar sua agitação no coração.

Aqueles que condenamos ao suplício demonstram às vezes uma constância e um desprezo da morte que nada mais são, na verdade, que o temor de encará-la; de modo que se pode dizer que essa constância e esse desprezo são para seu espírito a mesma coisa que a venda é para os olhos.

A filosofia triunfa sem dificuldades sobre os males passados e futuros; mas os males presentes levam a melhor sobre a filosofia.

Poucas pessoas conhecem a morte. Geralmente não a sofremos por resolução, mas por estupidez e costume; e a maioria dos homens morre porque não se pode evitar a morte.

Quando os grandes homens se deixam abater pela extensão de seus infortúnios, deixam entrever que os suportavam somente pela força de sua ambição e não por aquela de sua alma, e que, excetuando-se sua enorme vaidade, os heróis são feitos como os outros homens.

São necessárias mais virtudes para sustentar a boa sorte do que a má.

Nem o sol nem a morte podem ser encarados fixamente.

Transformamos muitas vezes em vaidade mesmo as paixões mais criminosas; mas a inveja é uma paixão tímida e vergonhosa que nunca ousamos confessar.

O ciúme é, de alguma maneira, justo e razoável, pois tende somente a conservar um bem que nos pertence ou que acreditamos que nos pertença, ao passo que a inveja é um furor que não consegue suportar o bem dos outros.

O mal que praticamos não atrai tanta perseguição e ódio quanto nossas boas qualidades.

Temos mais força que vontade; e muitas vezes é para nos desculparmos a nós mesmos que imaginamos que as coisas são impossíveis.

Se não tivéssemos defeitos, não sentiríamos tanto prazer em notá-los nos outros.

O ciúme se alimenta nas dúvidas e se torna furor, ou acaba tão logo se passa da dúvida à certeza.

O orgulho sempre se indeniza e nada perde, até mesmo quando renuncia à vaidade.

⚜

Se não tivéssemos orgulho, não nos queixaríamos daquele dos outros.

⚜

O orgulho é igual em todos os homens, só diferem os meios e a maneira de mostrá-lo.

⚜

Parece que a natureza, que dispôs tão sabiamente os órgãos de nosso corpo para nos tornar felizes, nos tenha dado também o orgulho para nos poupar a dor de conhecer nossas imperfeições.

⚜

O orgulho influi mais que a bondade nas admoestações que fazemos àqueles que cometem faltas; e não os repreendemos tanto para corrigi-los senão para convencê-los de que nós estamos isentos delas.

⚜

Prometemos segundo nossas esperanças, mas cumprimos segundo nossos temores.

⚜

O interesse fala toda espécie de língua e representa toda espécie de papel, mesmo aquele de desinteressado.

⚜

O interesse, que a uns cega, é a luz dos outros.

⚜

Aqueles que se dedicam demais às pequenas coisas se tornam geralmente incapazes das grandes.

Não temos bastante força para seguir toda a nossa razão.

O homem muitas vezes pensa guiar quando é guiado e enquanto por seu espírito tende a um objetivo, seu coração o arrasta insensivelmente para outro.

A força e a fraqueza do espírito são mal denominadas; com efeito, nada mais são que a boa ou a má disposição dos órgãos do corpo.

Os caprichos de nosso humor são ainda mais estranhos que aqueles da sorte.

O apego ou a indiferença que os filósofos tinham pela vida não passava de um gosto de seu amor-próprio, que não se deve tampouco discutir mais que o gosto da língua ou da escolha das cores.

Nosso humor põe preço a tudo o que nos vem da sorte.

A felicidade está no gosto, não nas coisas; e é por ter o que amamos que somos felizes, não por ter o que os outros acham amável.

Nunca somos tão felizes nem tão infelizes quanto imaginamos.

Aqueles que acreditam ter mérito sentem-se honrados em ser infelizes, para persuadir os outros e a si mesmos de que são dignos de serem alvos da sorte.

Nada pode diminuir tanto a satisfação de nós próprios do que ver que desaprovamos agora aquilo que outrora aprovávamos.

Por diferentes que sejam as fortunas, há, contudo, certa compensação de bens e de males que as torna iguais.

Por mais vantagens que a natureza conceda, não é ela somente, mas a sorte junto a ela que faz o herói.

O desprezo das riquezas era nos filósofos um desejo oculto de voltar seu mérito contra a injustiça da sorte por meio do desprezo dos mesmos bens de que ela os privava; era um segredo para se garantirem do aviltamento da pobreza; era um caminho torto para chegar à consideração que por meio das riquezas não podiam ter.

O ódio contra os favorecidos não é mais que amor pelos favores. O despeito de não possuir se consola e se abranda com o desprezo que demonstramos por aqueles que possuem; e recusamos render-lhes nossas homenagens sem poder tirar-lhes aquilo que faz com que recebam as homenagens de todos.

⚜

Para nos instalarmos no mundo, fazemos tudo o que podemos para parecer que nele estamos instalados.

⚜

Embora os homens se vangloriem de suas grandes ações, muitas vezes elas não são efeitos de um grande plano, mas efeitos do acaso.

⚜

Parece que nossas ações têm boas ou más estrelas a que devem grande parte do elogio e da reprovação que lhes conferimos.

⚜

Não há acidente tão infeliz de que as pessoas hábeis não tirem algum proveito, nem acidente tão feliz que os imprudentes não possam reverter em seu prejuízo.

⚜

A sorte reverte tudo em proveito daqueles que ela favorece.

⚜

A felicidade e a infelicidade dos homens não dependem menos de seu humor que da sorte.

⚜

A sinceridade é uma abertura do coração. Encontra-se em muito poucas pessoas; e aquela que geralmente vemos não passa de refinada dissimulação para atrair a confiança dos outros.

⚜

A aversão à mentira é muitas vezes imperceptível ambição de tornar consideráveis nossos testemunhos e de atrair para nossas palavras um respeito quase religioso.

⚜

A verdade não faz tanto bem no mundo quanto suas aparências nele fazem mal.

⚜

Não poupamos elogios à prudência; ela, porém, não poderia nos garantir contra a menor desgraça.

⚜

Um homem hábil deve regular o grau de seus interesses e conduzi-los cada um na ordem. Nossa avidez a perturba muitas vezes, fazendo-nos correr atrás de tantas coisas ao mesmo tempo que, por desejar demais as menos importantes, deixamos de lado as mais consideráveis.

⚜

O corpo sem a boa graça é tão desagradável como o espírito sem bom senso.

⚜

É difícil definir o amor. O que dele se pode dizer é que, na alma, é uma paixão de reinar, nos espíritos é uma simpatia, e no corpo não passa de uma vontade oculta e delicada de possuir o que se ama depois de muito mistério.

⚜

Se existe amor puro e isento de mescla com nossas outras paixões, é aquele que está escondido no fundo do coração e que nós mesmos ignoramos.

⚜

Não há disfarce que por muito tempo possa esconder o amor que existe, nem fingir aquele que não existe.

⚜

Não há pessoas que não se sintam envergonhadas de se terem amado quando não se amam mais.

⚜

A julgar pela maioria de seus efeitos, o amor mais se parece ao ódio que à amizade.

⚜

Pode-se encontrar mulheres que nunca receberam galanteios, mas é raro encontrar as que não receberam pelo menos um.

⚜

Há uma só espécie de amor, mas há mil diferentes cópias dele.

⚜

O amor, como o fogo, não pode subsistir sem movimento contínuo e morre logo que deixa de esperar ou temer.

⚜

Ocorre com o verdadeiro amor o mesmo que com a aparição de fantasmas: todos falam deles, mas poucos já os viram.

O amor empresta seu nome a um número infinito de comércios que lhe são atribuídos e em que tem tanto a ver como o Doge[2] com o que se faz em Veneza.

Para a maioria dos homens, o amor da justiça não é mais que temor de sofrer injustiça.

O silêncio é o partido mais seguro para aquele que desconfia de si mesmo.

O que nos torna tão inconstantes em nossas amizades é que é difícil conhecer as qualidades da alma, e fácil conhecer aquelas do espírito.

Nada podemos amar senão relativamente a nós, e nada mais fazemos que seguir nosso gosto e nosso prazer quando preferimos nossos amigos a nós mesmos; é graças a essa preferência, contudo, que a amizade pode ser verdadeira e perfeita.

A reconciliação com nossos inimigos não passa de um desejo de melhorar nossa condição, um cansaço da guerra e temor de um mau contratempo.

(2) N.T.: Alusão ao pouco poder que o Doge de Veneza possuía, pois era exercido principalmente pelo Grande Conselho da República; Doge (do latim *dux*, *ducis*, condutor, guia) era o título do presidente dessa República que dominou o comércio da Europa durante a Idade Média.

O que os homens denominaram amizade não é senão uma sociedade, uma disposição recíproca de interesses e uma troca de bons ofícios; finalmente, não passa de um comércio em que o amor-próprio tem sempre algo a ganhar.

É mais vergonhoso desconfiar dos amigos do que ser por eles logrado.

Muitas vezes nos convencemos de que amamos os mais poderosos e, contudo, é só o interesse que produz nossa amizade. Não nos entregamos a eles pelo bem que lhes queremos fazer, mas pelo que deles queremos receber.

Nossa desconfiança justifica a traição de outrem.

Os homens não viveriam muito tempo em sociedade se não fossem os joguetes uns dos outros.

O amor-próprio aumenta ou diminui em nós as boas qualidades dos amigos na proporção da satisfação que nos dão; e julgamos seus méritos pela maneira com a qual vivem conosco.

Todos se queixam da memória, mas ninguém se queixa de seu juízo.

Na convivência da vida, na maioria das vezes agradamos mais por nossos defeitos que por nossas qualidades.

⚜

A maior ambição não tem a menor aparência de ser tão grande quando se encontra numa impossibilidade absoluta de chegar onde aspira.

⚜

Desenganar um homem cioso de seu mérito é prestar-lhe tão mau serviço como aquele que se prestou àquele louco de Atenas que supunha que todos os navios que aportavam eram dele.

⚜

Os anciãos gostam de dar bons conselhos, para se consolar por não estarem mais em condições de dar maus exemplos.

⚜

Os grandes nomes rebaixam em vez de elevar os que não sabem mantê-los.

⚜

Sinal de extraordinário mérito é ver aqueles que mais o invejam obrigados a elogiá-lo.

⚜

Um ingrato pode ser menos culpado de sua ingratidão que aquele que lhe fez o bem.

⚜

Enganamo-nos ao acreditar que o espírito e o juízo são duas coisas diferentes. O juízo não é senão a grandeza da luz do espírito; essa luz penetra o fundo das coisas; nelas observa tudo o que cumpre observar e percebe o que parece imperceptível. Desse modo, deve-se concordar que é a extensão da luz do espírito que produz todos os efeitos atribuídos ao juízo.

Todos falam bem do próprio coração, mas ninguém ousa dizer o mesmo do próprio espírito.

A polidez do espírito consiste em pensar coisas honestas e delicadas.

O galanteio do espírito está em dizer coisas lisonjeiras de maneira agradável.

Ocorre muitas vezes que a nosso espírito se apresentam coisas tão acabadas que, com toda a sua arte, ele não poderia concebê-las.

O espírito é sempre o joguete do coração.

Todos aqueles que conhecem o próprio espírito não conhecem seu coração.

Os homens e os negócios têm seu ponto de perspectiva. Há aqueles que é preciso ver de perto para bem julgar, e outros que nunca julgamos tão bem senão a distância.

Não é razoável aquele que chega à razão por acaso, mas aquele que a conhece, que a discerne e que a saboreia.

Para bem conhecer as coisas, é necessário conhecê-las em seus detalhes; como eles são quase infinitos, nossos conhecimentos são sempre superficiais e imperfeitos.

É uma espécie de galanteio fazer notar que nunca usamos galanteios.

O espírito não poderia fazer por muito tempo o papel do coração.

A juventude muda seus gostos por ter sangue ardente, e a velhice conserva os seus por acomodação.

O que mais liberalmente damos são conselhos.

Quanto mais gostamos de uma amante, mais perto estamos de odiá-la.

Os defeitos do espírito, como os do rosto, aumentam com a idade.

Há casamentos bons, mas não os há deliciosos.

Não há como se consolar de ser logrado pelos inimigos e traído pelos próprios amigos; e muitas vezes a gente se contenta de sê-lo por si mesmo.

É tão fácil enganar-se a si mesmo sem perceber como é difícil enganar os outros sem que eles percebam.

Nada menos sincero que a maneira de pedir e dar conselhos. Aquele que os pede, parece ter uma respeitosa deferência pelos sentimentos do amigo, quando só pensa em fazê-lo aprovar os seus e torná-lo responsável por sua conduta. E aquele que os dá, paga a confiança que lhe demonstram com um zelo ardente e desinteressado, embora na maioria das vezes procure nos conselhos que dá somente seu interesse ou sua glória.

A mais sutil de todas as astúcias é saber fingir muito bem cair nas armadilhas que nos preparam, e nunca somos mais facilmente logrados do que quando pensamos lograr os outros.

A intenção de nunca enganar nos expõe a sermos enganados com frequência.

Estamos tão acostumados a nos disfarçar para os outros que, finalmente, nos disfarçamos para nós mesmos.

Traímos mais por fraqueza que por firme propósito de trair.

Muitas vezes fazemos o bem para podermos impunemente fazer o mal.

Se resistimos a nossas paixões, é mais por sua fraqueza que por nossa força.

Não teríamos praticamente prazer se não nos lisonjeássemos jamais.

Os mais hábeis fingem a vida toda reprovar as astúcias para delas se servir numa ocasião extremamente oportuna e por algum interesse maior.

O uso contínuo da astúcia é a marca de um espírito pequeno e acontece quase sempre que aquele que dela se serve para se cobrir de um lado se descobre do outro.

Astúcias e traições só podem vir da falta de habilidade.

O verdadeiro meio para se enganar é julgar-se mais astuto que os outros.

A demasiada sutileza é uma falsa delicadeza, e a verdadeira delicadeza é uma sólida sutileza.

⚜

Às vezes basta ser grosseiro para não ser logrado por um homem hábil.

⚜

A fraqueza é o único defeito que não se pode corrigir.

⚜

O menor defeito das mulheres que se entregaram a fazer amor é fazer amor.

⚜

É mais fácil ser sensato com os outros do que consigo mesmo.

⚜

As únicas boas imitações são aquelas que deixam ver o ridículo dos maus originais.

⚜

Nunca somos tão ridículos pelas qualidades que possuímos que por aquelas que afetamos ter.

⚜

Somos às vezes tão diferentes de nós mesmos quanto dos outros.

⚜

Há pessoas que nunca se teriam apaixonado se não tivessem ouvido falar do amor.

Falamos pouco quando a vaidade não nos faz falar.

Preferimos falar mal de nós mesmos a não falar de nós.

Uma das coisas que faz com que se encontrem tão poucas pessoas que parecem razoáveis e agradáveis na conversa é que não há quase ninguém que não pense antes no que quer dizer do que em responder precisamente ao que lhe é dito. As mais hábeis e cordatas se contentam em mostrar somente uma feição atenta, ao mesmo tempo em que se vê em seus olhos e em seu espírito um desinteresse por aquilo que se lhes diz e uma precipitação para voltar ao que querem dizer, em vez de considerar que procurar tão insistentemente agradar a si mesmas é um meio equivocado de tentar agradar aos outros ou persuadi-los, e que ouvir e responder bem é uma das maiores perfeições na conversa.

Um homem de espírito haveria de ficar com frequência muito embaraçado sem a companhia dos tolos.

Muitas vezes nos gabamos de não nos aborrecermos; e somos tão soberbos que não queremos compartilhar de companhia mesquinha.

Como é característica dos grandes espíritos dar a entender muito em poucas palavras, os pequenos espíritos, ao contrário, têm o dom de muito falar e nada dizer.

É antes pela estima dos próprios sentimentos do que pela estima do mérito dos outros que exageramos suas qualidades; e queremos receber elogios quando parece que os damos a eles.

⚜

Não gostamos de elogiar e nunca elogiamos alguém sem interesse. O elogio é uma lisonja hábil, velada e delicada, que satisfaz diferentemente aquele que a dá e aquele que a recebe; este a toma como recompensa de seu mérito, aquele a dá para fazer notar sua equidade e seu discernimento.

⚜

Escolhemos muitas vezes elogios envenenados que por contraste fazem ver naqueles que elogiamos defeitos que, de outra forma, não ousaríamos desvelar.

⚜

Geralmente só elogiamos para sermos elogiados.

⚜

Poucos são bastante sensatos para preferir a recriminação que lhes é útil ao elogio que os trai.

⚜

Há reprimendas que elogiam e elogios que maldizem.

⚜

A recusa dos elogios é desejo de ser elogiado duas vezes.

⚜

O desejo de merecer os elogios que nos dão fortalece nossa virtude; e os elogios dados ao espírito, ao valor e à beleza contribuem para aumentá-los.

⚜

É mais difícil evitar ser governado que governar os outros.

⚜

Se não nos lisonjeássemos a nós mesmos, as lisonjas dos outros não nos prejudicariam.

⚜

A natureza faz o mérito, e a sorte lhe dá emprego.

⚜

A sorte nos corrige de muitos defeitos que a razão não conseguiria corrigir.

⚜

Há pessoas desagradáveis que têm mérito, e outras que agradam apesar de seus defeitos.

⚜

Há pessoas cujo único mérito consiste em dizer e fazer tolices úteis, e que estragariam tudo se mudassem de conduta.

⚜

A glória dos grandes homens deve sempre ser medida de acordo com os meios que empregaram para adquiri-la.

⚜

A lisonja é uma moeda falsa que só circula por nossa vaidade.

⚜

Não é suficiente ter grandes qualidades, é preciso saber empregá-las.

⚜

Por mais brilhante que seja uma ação, não deve passar por grande se não for o efeito de um grande plano.

⚜

Deve haver certa proporção entre as ações e os planos, se deles quisermos extrair todos os efeitos que possam produzir.

⚜

A arte de saber bem empregar qualidades medíocres rende estima e muitas vezes confere mais reputação que o verdadeiro mérito.

⚜

Há uma infinidade de condutas aparentemente ridículas e cujas razões ocultas são muito sensatas e sólidas.

⚜

É mais fácil parecermos dignos dos empregos que não temos que daqueles que exercemos.

⚜

Nosso mérito atrai a estima dos honestos, e nossa estrela, a estima do público.

⚜

O mundo recompensa com maior frequência as aparências do mérito que o próprio mérito.

A avareza é mais oposta à economia que a liberalidade.

A esperança, por mais enganadora que seja, serve ao menos para nos levar até o fim da vida por um caminho agradável.

Enquanto a preguiça e a timidez nos prendem a nosso dever, é nossa virtude que muitas vezes recebe todas as honras.

É difícil julgar se um procedimento liso, sincero e honesto é efeito de probidade ou de habilidade.

As virtudes se perdem no interesse como os rios se perdem no mar.

Ao examinar bem os diversos efeitos do tédio, vê-se que leva mais a faltar com os deveres que com o interesse.

Há espécies diferentes de curiosidade: uma é de interesse e nos leva a desejar saber o que pode nos ser útil, a outra é de orgulho, que vem do desejo de saber o que os outros ignoram.

É preferível empregar nosso espírito para suportar os infortúnios que ocorrem a prever aqueles que podem nos ocorrer.

⚜

A constância em amor é uma inconstância perpétua, que faz com que nosso coração se apegue sucessivamente a todas as qualidades da pessoa amada, dando preferência ora a uma, ora a outra, de modo que essa constância não é mais que uma inconstância, fixada e encerrada num mesmo sujeito.

⚜

Há duas espécies de constância no amor: uma vem de encontrarmos incessantemente na pessoa amada novos motivos para amar, e a outra vem de considerarmos uma honra ser constantes.

⚜

A perseverança não é digna nem de recriminação nem de elogios porque ela não passa da perduração dos gostos e dos sentimentos, gostos e sentimentos a que não renunciamos e que não nos damos.

⚜

O que nos leva a apegar-nos às novas amizades não é tanto o cansaço que temos das antigas ou o prazer de mudar, quanto o desgosto de não sermos admirados por aqueles que nos conhecem demais e a esperança de sermos mais admirados por aqueles que não nos conhecem.

⚜

Às vezes nos queixamos levianamente de nossos amigos para justificar com antecedência nossa leviandade.

⚜

Nosso arrependimento não é tanto um remorso do mal que fizemos, quanto um temor daquele que outros nos possam fazer.

⚜

Há uma inconstância que vem da leviandade do espírito ou de sua franqueza, que o faz acolher todas as opiniões dos outros, e há outra, mais desculpável, que vem do desgosto das coisas.

⚜

Os vícios entram na composição das virtudes como os venenos entram na composição dos remédios. A prudência os junta e os tempera, servindo-se deles utilmente contra os males da vida.

⚜

Deve-se concordar, para honra da virtude, que as maiores desgraças dos homens são aquelas que sobrevêm de seus crimes.

⚜

Confessamos nossos defeitos para reparar com nossa sinceridade o prejuízo que nos causam no espírito dos outros.

⚜

Há heróis no mal como no bem.

⚜

Não desprezamos todos aqueles que têm vícios, mas desprezamos todos aqueles que não têm nenhuma virtude.

⚜

O vocábulo virtude serve ao interesse tão utilmente quanto os vícios.

A saúde da alma não é mais segura que aquela do corpo; e, embora pareçamos distantes das paixões, não corremos menos perigo de nos deixarmos levar por elas que de cairmos doentes quando gozamos de boa saúde.

Parece que a natureza tem imposto limites às virtudes e aos vícios de todo homem desde o nascimento.

Cabe somente aos grandes homens ter grandes defeitos.

Pode-se dizer que, no decorrer da vida, os vícios nos aguardam como hospedeiros em casa de quem temos que sucessivamente morar; e duvido de que a experiência nos levasse a evitá-los se nos fosse permitido percorrer o mesmo caminho duas vezes.

Quando os vícios nos abandonam, nos envaidecemos com a crença de que fomos nós que os abandonamos.

Nas doenças da alma há recaídas, como naquelas do corpo. O que tomamos para nossa cura é, na maioria das vezes, somente uma folga ou uma troca de mal.

Os defeitos da alma são como as feridas do corpo: por mais que cuidemos de curá-las, a cicatriz aparece sempre, e a qualquer momento podem se reabrir.

⚜

O que muitas vezes nos impede de nos entregarmos a um só vício é que temos muitos.

⚜

Esquecemos facilmente nossos erros quando somente nós os conhecemos.

⚜

Há pessoas de quem nunca se pode suspeitar de fazer o mal, sem tê-lo visto; mas há pessoas em quem o mal, ao vê-lo, não nos deve surpreender.

⚜

Exaltamos a glória de uns para rebaixar a dos outros. E, algumas vezes, elogiaríamos menos o senhor Príncipe e Turenne(3) se não quiséssemos recriminar a ambos.

⚜

O desejo de parecer hábil muitas vezes impede de sê-lo.

⚜

A virtude não iria tão longe se a vaidade não lhe fizesse companhia.

⚜

---

(3) N.T.: Louis de Bourbon e Condé, dito, príncipe de Condé (1621-1686), e Henri de La Tour d'Auvergne, visconde de Turenne (1611-1675), foram grandes generais de exército sob o reinado de Luís XIV; em guerras internas da França foram adversários.

Aquele que acredita encontrar em si mesmo razões para dispensar os préstimos de todos os outros muito se engana, mas aquele que pensa que ninguém pode viver sem ele se engana muito mais.

Os falsos honestos são aqueles que dissimulam seus defeitos para os outros e para si mesmos. Os verdadeiros honestos são aqueles que os conhecem e os confessam.

O verdadeiro homem honesto é aquele que de nada se vangloria.

A severidade das mulheres é um enfeite e uma maquiagem que acrescentam à sua beleza.

A honestidade das mulheres é muitas vezes o amor de sua reputação e de seu repouso.

Querer estar sempre exposto à vista dos honestos é ser verdadeiramente honesto.

A loucura nos acompanha em todas as etapas da vida. Se alguém parece sábio, é somente porque suas loucuras são proporcionais à sua idade e à sua sorte.

Há tolos que se conhecem e que empregam sua tolice com habilidade.

Quem vive sem loucura não é tão sensato quanto pensa.

Envelhecendo, nos tornamos mais loucos e mais sábios.

Há pessoas que se parecem com as cantigas populares que só fazem sucesso por certo tempo.

A maioria das pessoas julga os homens somente pelo sucesso e por sua fortuna.

O amor da glória, o temor da vergonha, a intenção de fazer fortuna, o desejo de tornar a própria vida cômoda e agradável e a vontade de rebaixar os outros são com frequência as causas desse valor que tanto se celebra entre os homens.

Nos soldados rasos, o valor é um ofício perigoso que abraçaram para ganhar a vida.

O perfeito valor e a covardia total são duas extremidades a que raramente se chega. O espaço entre ambas é vasto e contém todas as outras espécies de coragem: não há menos diferença entre elas que entre os rostos e os humores. Há homens que se expõem de bom grado no início de uma ação, mas que recuam e desanimam facilmente por sua duração. Há outros que se contentam em deixar satisfeitos os outros e que, além disso, fazem muito pouco. Há aqueles que nem sempre são igualmente senhores do próprio medo. Outros, por vezes, se deixam levar por um terror geral. Outros vão à carga porque não ousam ficar em seus postos. Há aqueles em quem o hábito dos pequenos perigos fortalece a coragem e os prepara a expor-se a maiores. Há aqueles que são bravos diante dos golpes de espada, mas temem os tiros de fuzil; outros se garantem diante dos tiros de fuzil, mas ficam apreensivos ao se bater com a espada. Todas essas coragens de diferentes espécies concordam em que a noite aumenta o temor e, encobrindo as boas e as más ações, confere a liberdade de se precaver. Há ainda outra forma de precaução mais geral, pois não se vê ninguém que faça tudo o que seria capaz de fazer em certa ocasião, se estivesse seguro de escapar com vida. De modo que é evidente que o temor da morte tira parte do brilho à valentia.

⚜

O perfeito valor consiste em fazer sem testemunhas o que se teria capacidade de fazer diante de todos.

⚜

A intrepidez é uma força extraordinária da alma que eleva acima das perturbações, das desordens e das emoções que a vista dos grandes perigos pudesse nela despertar; e é por meio dessa força que os heróis se mantêm num estado de tranquilidade e conservam o livre uso de sua razão nos mais surpreendentes e terríveis acidentes.

⚜

A hipocrisia é uma homenagem que o vício presta à virtude.

⚜

A maioria dos homens se expõe bastante na guerra para salvar sua honra, mas poucos querem sempre se expor, tanto quanto for necessário, para fazer com que a causa pela qual se expõem tenha pleno sucesso.

⚜

A vaidade, a vergonha e principalmente o temperamento fazem muitas vezes o valor dos homens e a virtude das mulheres.

⚜

Ninguém quer perder a vida, e todos querem alcançar a glória; o que faz com que os bravos tenham mais destreza e espírito para evitar a morte que os trapaceiros têm para conservar seus bens.

⚜

Não há praticamente ninguém que, ao primeiro sinal da idade, deixe de mostrar por onde seu corpo e seu espírito devem começar a esmorecer.

⚜

Ocorre com o reconhecimento o mesmo que com a boa-fé dos comerciantes: ela entretém o comércio e não pagamos porque é justo pagar, mas para encontrar mais facilmente quem nos empreste.

⚜

Nem todos aqueles que se desincumbem de suas obrigações de reconhecimento podem por isso se vangloriar de ser reconhecidos.

⚜

O erro de cálculo no reconhecimento que se espera dos favores prestados é que o orgulho daquele que dá e o orgulho daquele que recebe não conseguem concordar sobre o preço do benefício.

⚜

A demasiada pressa que se tem de saldar uma obrigação é uma espécie de ingratidão.

⚜

As pessoas felizes são praticamente incorrigíveis; acreditam sempre ter razão quando é a sorte que sustenta sua má conduta.

⚜

O orgulho não quer dever, e o amor-próprio não quer pagar.

⚜

O bem que recebemos de alguém quer que respeitemos o mal que nos faz.

⚜

Nada é mais contagioso que o exemplo, e nunca fazemos grandes bens nem grandes males que não produzam outros similares. Imitamos as boas ações por emulação e as más pela maldade de nossa natureza que a vergonha manteria prisioneira e que o exemplo põe em liberdade.

⚜

É grande loucura querer ser sensato estando completamente só.

⚜

Qualquer que seja o pretexto que demos a nossas aflições, é quase sempre o interesse e a vaidade que as causam.

⚜

Há nas aflições diversas espécies de hipocrisia. Numa, sob pretexto de chorar a perda de uma pessoa querida, choramos por nós mesmos, lamentamos a boa opinião que tinha de nós, choramos a diminuição de nosso bem, de nosso prazer, de nossa consideração. Assim, os mortos têm a honra das lágrimas que pelos vivos se vertem. Digo que é uma espécie de hipocrisia, porque nesse tipo de aflição nos enganamos a nós mesmos. Há outra hipocrisia, que não é tão inocente, porque ela se impõe a todos: é a aflição de certas pessoas que aspiram à glória de uma bela e imortal dor. Se o tempo, que tudo consome, faz cessar aquela aflição que essas pessoas de fato sentiam, elas não deixam de se obstinar em seus prantos, em suas queixas e em seus suspiros; assumem uma feição lúgubre e se empenham em convencer por meio de todas as suas ações de que seu desgosto só haverá de terminar com a vida. Essa triste e enfadonha vaidade se encontra geralmente nas mulheres ambiciosas. Como seu sexo lhes barra todos os caminhos que conduzem à glória, elas se esforçam para se tornar célebres, dando mostras de uma inconsolável aflição. E há ainda outra espécie de lágrimas, lágrimas que só têm pequenas fontes que correm e secam facilmente: chora-se para ter a reputação de ser terno, chora-se para ser lamentado, chora-se para ser chorado; chora-se, enfim, para evitar a vergonha de não chorar.

⚜

É mais frequentemente por orgulho que por falta de luzes que nos opomos com tanta obstinação às opiniões mais aceitas: encontramos os primeiros lugares no partido certo já tomados e não queremos saber de últimos lugares.

⚜

Nós nos consolamos facilmente com as desgraças de nossos amigos quando servem para assinalar nossa ternura para com eles.

⚜

Parece que o amor-próprio se deixa lograr pela bondade e se esquece de si mesmo quando trabalhamos em benefício dos outros. O que ele faz, no entanto, é tomar o caminho mais seguro para chegar a seus fins; é emprestar com juros sob pretexto de dar; é, enfim, comprar a todos de modo sutil e delicado.

⚜

Ninguém merece ser elogiado pela bondade se não tiver a força de ser mau: toda outra bondade, na maioria das vezes, não passa de preguiça ou impotência da vontade.

⚜

É menos perigoso fazer mal à maioria dos homens do que lhes fazer bem em demasia.

⚜

Nada lisonjeia mais nosso orgulho que a confiança dos grandes, porque a vemos como efeito de nosso mérito, sem considerar que ela só vem, na maioria das vezes, da vaidade ou da incapacidade de guardar segredo.

⚜

Pode-se dizer que a atração, separada da beleza, é uma simetria, de que não se conhece as regras, e uma relação secreta dos traços em seu conjunto e dos traços com as cores e com o ar da pessoa.

⚜

A afetação é o humor profundo das mulheres. Mas nem todas a põe em prática, porque a afetação de algumas é refreada pelo temor ou pela razão.

⚜

Incomodamos muitas vezes os outros porque acreditamos que nunca podemos incomodá-los.

Há poucas coisas que são impossíveis por si mesmas e, para consegui--las, nos faltam menos os meios do que a aplicação.

A soberana habilidade consiste em conhecer muito bem o preço das coisas.

É uma grande habilidade saber esconder a própria habilidade.

O que parece generosidade não é mais, na maioria das vezes, que ambição disfarçada que desdenha pequenos interesses para ir aos maiores.

A fidelidade que se observa na maioria dos homens não é mais que uma invenção do amor-próprio para atrair a confiança; é um meio de nos elevar acima dos outros e de nos tornar depositários das coisas mais importantes.

A magnanimidade tudo menospreza para tudo ter.

Não há menos eloquência no tom da voz, nos olhos e na fisionomia da pessoa que na escolha das palavras.

A verdadeira eloquência consiste em dizer tudo o que é necessário e nada mais que o necessário.

Há pessoas em quem os defeitos assentam muito bem e outras que caem em desgraça com suas boas qualidades.

Tão usual é ver mudar os gostos quanto é inusitado ver mudar as inclinações.

O interesse põe em ação toda espécie de virtudes e de vícios.

A humildade não passa muitas vezes de uma submissão fingida de que se serve para submeter os outros; é um artifício do orgulho que se rebaixa para se exaltar; e, embora se transforme de mil maneiras, nunca é mais bem disfarçado e mais capaz de enganar do que quando se esconde sob a aparência da humildade.

Cada um dos sentimentos tem um tom de voz, gestos e rostos que lhe são próprios. E essa relação, boa ou má, agradável ou desagradável, é que faz com que as pessoas agradem ou desagradem.

Em todas as profissões, cada um mostra uma fisionomia e uma aparência para parecer o que quer que se creia dele. Desse modo, pode-se dizer que o mundo se compõe unicamente de aparências.

A seriedade é um mistério do corpo, inventado para ocultar os defeitos do espírito.

⚜

O bom gosto vem mais do julgamento que do espírito.

⚜

O prazer do amor é amar; e mais feliz se é com a paixão que se sente do que por aquela que se inspira.

⚜

A civilidade é um desejo de ser tratado com civilidade e de ser considerado polido.

⚜

A educação que geralmente se dá aos jovens é um segundo amor-próprio que se lhes inspira.

⚜

Não há paixão em que o amor de si mesmo reine tão poderosamente como no amor; e sempre estamos mais dispostos a sacrificar a paz de quem amamos do que a sacrificar a nossa.

⚜

O que denominamos liberalidade, na maioria das vezes, não é mais que a vaidade de dar que prezamos mais do que aquilo que damos.

⚜

A compaixão é muitas vezes sentir os próprios males nos males dos outros. É uma previsão hábil das desgraças em que podemos cair; socorremos os outros para empenhá-los a nos socorrer em semelhantes ocasiões; e os serviços que lhes prestamos são, propriamente falando, benefícios que nos outorgamos a nós mesmos por antecipação.

⚜

A estreiteza de espírito produz a obstinação; e não acreditamos facilmente naquilo que está além do que vemos.

⚜

É enganar-se acreditar que somente as paixões violentas, como a ambição e o amor, podem vencer as outras. A preguiça, por lânguida que seja, muitas vezes não deixa de dominá-las; ela se insere em todos os projetos e em todas as ações da vida, destruindo e consumindo insensivelmente as paixões e as virtudes.

⚜

A presteza em crer no mal sem tê-lo examinado com cuidado é um efeito do orgulho e da preguiça. Queremos encontrar culpados, mas não queremos nos dar o trabalho de examinar os crimes.

⚜

Recusamos juízes para os interesses menores, mas queremos que nossa reputação e nossa glória dependam do julgamento dos homens, pois todos são nossos adversários, seja por seus ciúmes, seja por sua preocupação, seja ainda por suas poucas luzes; e é somente para levá-los a se pronunciar em nosso favor que expomos de tantas maneiras nossa tranquilidade e nossa vida.

⚜

Não há praticamente homem bastante hábil para conhecer todo o mal que pratica.

⚜

A honra conquistada é caução para aquela que se deve conquistar.

⚜

A juventude é uma embriaguez contínua: é a febre da razão.

⚜

Nada deveria humilhar mais os homens que mereceram grandes elogios que o cuidado que ainda têm de se tornar apreciados por pequenas coisas.

⚜

Há pessoas aplaudidas no mundo cujo único mérito é ter os vícios próprios para a convivência nesta vida.

⚜

O encanto da novidade é para o amor o que a flor é para o fruto; confere-lhe um lustro que facilmente se apaga e que jamais voltará.

⚜

A natural bondade, que se vangloria de ser tão sensível, é muitas vezes sufocada pelo menor interesse.

⚜

A distância diminui as paixões medíocres e aumenta as grandes, como o vento apaga as velas e acende o fogo.

⚜

As mulheres pensam muitas vezes amar quando realmente não amam. A preocupação com uma intriga, a emoção de espírito que o galanteio suscita, a inclinação natural ao prazer de ser amadas e o pesar de recusar as convencem de que estão apaixonadas quando na realidade só têm afetação.

O que faz com que muitas vezes fiquemos descontentes com aqueles que negociam é que eles abandonam quase sempre o interesse dos amigos pelo interesse do sucesso da negociação, sucesso que se torna o deles pela honra de terem conseguido êxito naquilo que haviam empreendido.

Quando exageramos a afeição que nossos amigos têm por nós é muitas vezes menos por reconhecimento que pelo desejo de fazer apreciar nosso mérito.

A aprovação que damos àqueles que ingressam no mundo provém muitas vezes da inveja secreta que temos daqueles que ali se acham instalados.

O orgulho, que tanta inveja nos inspira, nos serve muitas vezes também para moderá-la.

Há falsidades disfarçadas que representam tão bem a verdade que seria julgá-las mal não se deixar enganar por elas.

Às vezes, não há menos habilidade em saber aproveitar um bom conselho do que se aconselhar bem consigo mesmo.

Há maus que seriam menos perigosos se não tivessem nenhuma bondade.

A magnanimidade está bem definida pelo próprio nome; entretanto, se poderia dizer que é o bom senso do orgulho e a via mais nobre para receber elogios.

É impossível amar uma segunda vez o que verdadeiramente se deixou de amar.

Não é tanto a fertilidade do espírito que nos leva a descobrir diversos expedientes para um mesmo negócio, mas a falta de luzes que nos prende a tudo o que se apresenta à nossa imaginação e que nos impede de discernir desde o início o que é melhor.

Há negócios e doenças que os remédios às vezes exasperam; e a grande habilidade consiste em saber quando é perigoso fazer uso deles.

A simplicidade afetada é uma delicada impostura.

Há mais defeitos no humor que no espírito.

O mérito dos homens tem sua estação assim como as frutas.

Pode-se dizer do humor dos homens como da maioria das edificações: têm diversas faces, algumas agradáveis e outras desagradáveis.

⚜

Não cabe à moderação o mérito de combater e submeter a ambição: as duas nunca estão juntas. A moderação é o langor e a preguiça da alma, como a ambição é a atividade e o ardor da mesma.

⚜

Amamos sempre aqueles que nos admiram, mas nem sempre amamos aqueles que admiramos.

⚜

Estamos longe de conhecer todas as nossas vontades.

⚜

É difícil amar aqueles que não estimamos, mas não é menos difícil amar aqueles que estimamos muito mais que nós.

⚜

Os humores do corpo têm curso usual e regrado, que move e gira imperceptivelmente nossa vontade; caminham juntos e exercem sucessivamente um domínio secreto sobre nós, de modo que, sem que saibamos, têm parte considerável em todas as nossas ações.

⚜

O reconhecimento da maioria dos homens não passa de uma vontade secreta de receber maiores benefícios.

⚜

Quase todos se comprazem em quitar pequenas obrigações; muitos demonstram reconhecimento pelas pequenas, mas quase ninguém tem gratidão pelas grandes.

⚜

Há loucuras que se contraem como doenças contagiosas.

⚜

Muitos desprezam o bem, mas poucos sabem fazê-lo.

⚜

Em geral, somente nos pequenos interesses é que ousamos não confiar nas aparências.

⚜

Por mais que falem bem de nós, nada de novo nos ensinam.

⚜

Perdoamos muitas vezes aqueles que nos aborrecem, mas não podemos perdoar aqueles que aborrecemos.

⚜

O interesse, de que acusam todos os nossos crimes, merece muitas vezes ser elogiado por nossas boas ações.

⚜

Não encontramos praticamente ingratos enquanto estamos em condições de fazer o bem.

⚜

É tão honesto ser glorioso para si quanto é ridículo sê-lo para os outros.

Da moderação se fez uma virtude para limitar a ambição dos grandes e para consolar os medíocres de sua pouca sorte e de seu diminuto mérito.

Há pessoas fadadas a ser tolas, que não cometem somente tolices por própria opção, mas porque a própria sorte as constrange a isso.

Ocorrem às vezes acidentes na vida, que é necessário ser um tanto louco para se safar.

Se há homens cujo ridículo nunca aparece, é que não o procuraram muito bem.

O que faz com que os amantes não se aborreçam nunca de estar juntos é que falam sempre de si próprios.

Por que é que temos bastante memória para reter até nos mínimos detalhes o que nos aconteceu e que não tenhamos bastante para lembrar quantas vezes os contamos à mesma pessoa?

O extremo prazer que temos de falar de nós mesmos deve nos levar a temer que não suscitemos o mesmo naqueles que nos ouvem.

O que geralmente nos impede de abrir totalmente o coração a nossos amigos não é tanto a desconfiança que temos deles, mas a que temos de nós mesmos.

As pessoas fracas não podem ser sinceras.

Não é grande desgraça fazer favores a ingratos, mas é desgraça insuportável dever favores a um desonesto.

Há meios de curar a loucura, mas não os há para endireitar um espírito torto.

Não poderíamos conservar por muito tempo os sentimentos devidos aos próprios amigos e aos benfeitores se com frequência tomássemos a liberdade de falar de seus defeitos.

Elogiar os príncipes pelas virtudes que não têm é injuriá-los impunemente.

Mais perto estamos de amar aqueles que nos odeiam do que aqueles que nos amam mais do que queremos.

Só quem é desprezível teme ser desprezado.

Nossa sabedoria não está menos à mercê da sorte que nossos bens.

Há no ciúme mais amor-próprio que amor.

Muitas vezes, é por fraqueza que nos consolamos com males de que a razão não consegue tirar a força para nos consolar.

O ridículo desonra mais que a desonra.

Só confessamos pequenos defeitos para persuadir de que não temos grandes.

A inveja é mais irreconciliável que o ódio.

Por vezes, supomos odiar a bajulação, mas só odiamos a maneira de bajular.

Perdoamos enquanto amamos.

É mais difícil ser fiel à amante quando se é feliz do que quando se é maltratado.

⚜

As mulheres desconhecem toda a sua afetação.

⚜

As mulheres não têm severidade completa sem aversão.

⚜

Menos podem as mulheres dominar a afetação que a paixão.

⚜

No amor, o engano vai quase sempre mais longe que a desconfiança.

⚜

Há certa espécie de amor cujo excesso impede o ciúme.

⚜

Ocorre com certas boas qualidades como com os sentidos: aqueles que são inteiramente privados delas não podem percebê-las nem compreendê-las.

⚜

Quando nosso ódio é vivo demais, nos coloca abaixo daqueles que odiamos.

⚜

Só sentimos nossos bens e nossos males na proporção de nosso amor-próprio.

O espírito da maioria das mulheres serve mais para fortalecer sua loucura que sua razão.

As paixões da juventude não são praticamente mais opostas à salvação que frieza dos velhos.

O sotaque da região em que nascemos permanece no espírito e no coração, como na linguagem.

Para ser um grande homem, é necessário saber aproveitar de toda a própria sorte.

A maioria dos homens tem, como as plantas, propriedades ocultas que o acaso revela.

As ocasiões nos levam a conhecer os outros, e mais ainda a nós mesmos.

Não pode haver regra no espírito nem no coração das mulheres se o temperamento não estiver de acordo.

Quase não encontramos pessoas de bom senso, a não ser aquelas que são de nossa opinião.

Quando se ama, duvida-se muitas vezes daquilo em que mais se acredita.

O maior milagre do amor é curar da afetação.

O que nos deixa com tanto amargor contra aqueles que nos fazem trapaças é que eles julgam ser mais hábeis que nós.

É muito difícil romper quando a gente já não se ama.

Aborrecem-nos quase sempre aqueles com quem não é permitido se aborrecer.

Um homem honesto pode se apaixonar como um louco, mas não como um tolo.

Há certos defeitos que, bem empregados, brilham mais que a própria virtude.

Perdemos algumas vezes pessoas que mais fazem falta do que nos afligem e outras que mais nos afligem do que fazem falta.

Geralmente só elogiamos de coração aqueles que nos admiram.

Os espíritos pequenos se melindram sobremodo com pequenas coisas que os grandes enxergam todas elas sem se melindrar.

A humildade é a verdadeira prova das virtudes cristãs: sem ela, conservamos todos os nossos defeitos e são encobertos somente pelo orgulho que os esconde dos outros e muitas vezes de nós mesmos.

As infidelidades deveriam extinguir o amor, e não se deveria ter ciúme quando há motivos para tê-lo. Somente as pessoas que evitam causar ciúme é que são dignas de que se tenha ciúme delas.

Muito mais alguém se desacredita diante de nós pelas menores infidelidades que nos inflige do que pelas mais ingentes que comete contra os outros.

O ciúme nasce sempre com o amor, mas nem sempre morre com ele.

A maioria das mulheres não chora tanto a morte de seus amantes por tê-los amado, mas para parecerem elas mais dignas de ser amadas.

As violências que contra nós cometem os outros nos causam muitas vezes menos sofrimento do que aquelas que nós cometemos contra nós mesmos.

⚜

Sabe-se muito bem que não se deve falar da própria mulher, mas não se sabe suficientemente que menos ainda se deveria falar de si.

⚜

Há boas qualidades que degeneram em defeitos quando são naturais, e outras que nunca são perfeitas quando são adquiridas. É preciso, por exemplo, que a razão nos torne mestres de nosso bem e de nossa confiança e que, ao contrário, a natureza nos dê a bondade e o valor.

⚜

Por mais que desconfiemos da sinceridade daqueles que nos falam, acreditamos sempre que nos dizem a verdade mais que aos outros.

⚜

Há poucas mulheres honestas que não estejam cansadas de suas tarefas.

⚜

A maioria das mulheres honestas são tesouros escondidos, que só estão em segurança porque ninguém os procura.

⚜

As violências a que nos submetemos para nos impedir de amar são muitas vezes mais cruéis que os rigores de quem amamos.

⚜

Não há poltrão que perceba sempre todo o medo que tem.

É quase sempre culpa daquele que ama não perceber quando deixa de ser amado.

Quase todos os jovens pensam ser naturais, quando são apenas mal-educados e grosseiros.

Há certas lágrimas que nos enganam muitas vezes a nós mesmos, depois de ter enganado os outros.

Quem pensa amar a amante por amor a ela está bem enganado.

Os espíritos medíocres geralmente condenam tudo o que está fora de seu alcance.

A inveja é destruída pela verdadeira amizade, e a afetação, pelo verdadeiro amor.

O maior defeito da perspicácia não é não ir até o fim, é ultrapassá-lo.

Damos conselhos, mas não inspiramos condutas.

Quando nosso mérito diminui, diminui também nosso gosto.

A fortuna faz aparecer nossas virtudes e nossos vícios, assim como a luz faz aparecer os objetos.

A violência que nos fazemos para permanecer fiéis a quem amamos não vale mais que uma infidelidade.

Nossas ações são como os ditos rimados: cada um entende como quer.

A vontade de falar de nós e de mostrar nossos defeitos pelo lado que realmente queremos constitui grande parte de nossa sinceridade.

Só deveríamos nos surpreender que ainda possamos nos surpreender.

Somos quase tão difíceis de contentar quando muito amamos como quando não amamos mais.

Há mais pessoas que com frequência não têm razão do que aquelas que não conseguem aceitar não tê-la.

O tolo não tem suficiente critério para ser bom.

Se a vaidade não acaba totalmente com as virtudes, pelo menos as abala a todas.

O que torna a vaidade dos outros insuportável é que fere a nossa.

Mais facilmente se renuncia ao próprio interesse que ao próprio gosto.

A sorte nunca parece tão cega como àqueles que não favorece.

Devemos administrar a sorte como a saúde: desfrutar quando é boa, ter paciência quando é má e só ministrar remédios fortes em caso de extrema necessidade.

Perde-se às vezes o ar burguês no exército, mas nunca na corte.

Podemos ser mais astutos que um outro, mas nunca mais astutos que todos os outros.

Somos às vezes menos infelizes ao sermos enganados por quem amamos do que sermos por ele desenganados.

Guarda-se por muito tempo o primeiro amante, enquanto não se arranja um segundo.

⚜

Em geral, não temos coragem de dizer que não temos defeitos e que nossos inimigos não têm boas qualidades; em particular, porém, não estamos muito longe de pensá-lo.

⚜

De todos os nossos defeitos, aquele com o qual mais facilmente concordamos é a preguiça; nós nos persuadimos de que ela tem a ver com todas as virtudes cordatas e de que, sem destruir inteiramente as outras, apenas suspende suas funções.

⚜

Há uma elevação que não depende da sorte: é certo ar que nos distingue e que parece nos destinar às grandes coisas; é um prêmio que nos damos imperceptivelmente a nós mesmos; é por essa qualidade que usurpamos a deferência dos outros, e é ela que geralmente nos eleva acima deles, mais que o nascimento, as dignidades e mesmo o mérito.

⚜

Há mérito sem elevação, mas não há elevação sem algum mérito.

⚜

A elevação está para o mérito como o enfeite está para as pessoas belas.

⚜

O que menos se encontra no galanteio é amor.

⚜

A sorte se serve às vezes de nossos defeitos para nos elevar, e há pessoas importunas cujo mérito seria mal recompensado se não pretendêssemos comprar sua ausência.

⚜

Parece que a natureza escondeu no fundo de nosso espírito talentos e uma habilidade de que não temos conhecimento; só as paixões têm o direito de trazê-los à luz, dando-nos às vezes uma visão mais clara e mais perfeita que a arte poderia dar.

⚜

Chegamos sempre jovens às diversas idades da vida e muitas vezes, apesar dos anos, não temos experiência ao chegar.

⚜

As afetadas se sentem honradas com os ciúmes que têm de seus amantes, para esconder que têm inveja das outras mulheres.

⚜

Longe estão aqueles que caem em nossas artimanhas de nos parecerem tão ridículos quanto nós o parecemos a nós mesmos ao cairmos nas artimanhas dos outros.

⚜

O maior perigo de ridículo para as pessoas de idade que sempre foram amáveis é esquecer que já não o são.

⚜

Não poucas vezes teríamos vergonha de nossas mais belas ações se o mundo visse todas as razões que as motivam.

⚜

O maior esforço da amizade não é o de mostrar nossos defeitos a um amigo; é fazê-lo ver os dele.

⚜

Não há praticamente defeitos que não sejam mais perdoáveis que os meios de que nos servimos para escondê-los.

⚜

Por maior que seja nossa merecida vergonha, quase sempre está em nosso poder restabelecer nossa reputação.

⚜

Não se agrada por muito tempo quando se tem sempre o mesmo espírito.

⚜

Os loucos e os tolos só veem conforme o próprio humor.

⚜

O espírito nos ajuda às vezes a cometer tolices com ousadia.

⚜

A vivacidade que aumenta com a velhice não está longe da loucura.

⚜

No amor, aquele que primeiro se cura é sempre o mais bem curado.

⚜

As jovens que não querem parecer afetadas e os homens de idade avançada que não querem ser ridículos nunca devem falar do amor como de uma coisa em que possam ter parte.

Podemos parecer grandes em emprego abaixo de nosso mérito, mas parecemos com frequência pequenos em emprego acima de nossa capacidade.

Muitas vezes pensamos ter constância nas desgraças, quando o que temos é abatimento, e as sofremos sem ousar encará-las, como os poltrões que se deixam matar, com medo de se defender.

A confiança contribui mais na conversa do que o espírito.

Todas as paixões nos levam a cometer faltas, mas o amor nos leva a cometer as mais ridículas.

Poucos sabem ser velhos.

Nós nos sentimos honrados com os defeitos opostos aos que carregamos: se somos fracos, nos vangloriamos de ser obstinados.

A perspicácia tem uma feição de adivinhar que bajula mais nossa vaidade que todas as outras qualidades do espírito.

A graça da novidade e o hábito prolongado, por mais opostos que sejam, nos impedem igualmente de perceber os defeitos de nossos amigos.

⚜

A maioria dos amigos acaba por se aborrecer com a amizade, e a maioria dos devotos, com a devoção.

⚜

Perdoamos facilmente a nossos amigos os defeitos que não nos incomodam.

⚜

As mulheres que amam perdoam mais facilmente as grandes indiscrições que as pequenas infidelidades.

⚜

Na velhice do amor como naquela da idade, vive-se ainda para os males, mas não se vive mais para os prazeres.

⚜

Nada impede tanto ser natural que a vontade de sê-lo.

⚜

Elogiar as belas ações de coração é de algum modo ter parte nelas.

⚜

O mais verdadeiro sinal de ter nascido com grandes qualidades é ter nascido sem inveja.

⚜

Se nossos amigos nos enganaram, só devemos indiferença a sua demonstração de amizade, mas sempre devemos demonstrar sensibilidade em suas desgraças.

⚜

A fortuna e o humor governam o mundo.

⚜

É mais fácil conhecer o homem em geral que um homem em particular.

⚜

Não se deve julgar o mérito de um homem por suas grandes qualidades, mas pelo uso que delas sabe fazer.

⚜

Há certo reconhecimento vivo que não nos desobriga somente dos benefícios que recebemos, mas faz até com que nossos amigos nos sejam devedores ao pagarmos o que lhes devemos.

⚜

Não desejaríamos praticamente nada com ardor se soubéssemos perfeitamente o que desejamos.

⚜

O pouco efeito que a amizade causa sobre a maioria das mulheres é que ela se torna sem graça para quem vivenciou o amor.

⚜

Na amizade como no amor, mais felizes nos sentimos muitas vezes pelas coisas que ignoramos que por aquelas que sabemos.

⚜

Tratamos de nos orgulhar dos defeitos que não queremos corrigir.

⚜

As paixões mais violentas às vezes nos deixam em paz, mas a vaidade nos agita sempre.

⚜

Os velhos loucos são mais loucos que os jovens.

⚜

A fraqueza é mais contrária à virtude que o vício.

⚜

As dores da vergonha e do ciúme são tão agudas porque a vaidade não lhes serve de apoio.

⚜

A conveniência é a menor de todas as leis, e a mais seguida.

⚜

Um espírito reto tem menos dificuldade em se submeter aos espíritos tortos do que em guiá-los.

⚜

Quando a sorte nos surpreende premiando-nos com um posto de destaque, sem nos ter conduzido a ele por degraus ou sem que tenhamos sido guindados a ele por nossa esperança, é quase impossível nos mantermos nele e parecermos dignos de ocupá-lo.

Nosso orgulho muitas vezes cresce com aquilo que descontamos de nossos defeitos.

Não há tolos mais incômodos que os espirituosos.

Não há homem que se julgue inferior em cada uma de suas qualidades ao homem que neste mundo mais estima.

Nos grandes negócios, devemos nos preocupar menos em criar ocasiões do que aproveitar aquelas que se apresentam.

Em ocasião alguma é mau negócio renunciar a que falem bem de nós, contanto que não falem mal.

Por mais disposição que o mundo tenha para julgar mal, com maior frequência ainda costuma premiar o falso mérito do que fazer injustiça ao verdadeiro.

Somos às vezes tolos tendo espírito, mas nunca o somos tendo juízo.

Ganharíamos mais em nos mostrar tais como somos que em tentar parecer o que não somos.

Nossos inimigos se aproximam mais da verdade ao nos julgar que nós mesmos.

Há muitos remédios para curar o amor, mas não há nenhum infalível.

Estamos longe de saber tudo o que nossas paixões nos induzem a fazer.

A velhice é um tirano que proíbe sob pena de morte todos os prazeres da juventude.

O mesmo orgulho que nos faz condenar os defeitos de que nos julgamos isentos nos leva a desprezar as boas qualidades que não temos.

Muitas vezes há mais orgulho que bondade ao lastimar as desgraças de nossos inimigos; é para fazê-los sentir que estamos acima deles, que lhes mostramos compaixão.

Excesso de bem e de mal ultrapassa nossa sensibilidade.

A inocência está longe de ser tão protegida quanto o crime.

De todas as paixões violentas, aquela que assenta menos mal nas mulheres é o amor.

⚜

A vaidade nos induz a fazer mais coisas a contragosto que a razão.

⚜

Há más qualidades que fazem grandes talentos.

⚜

Nunca se deseja ardentemente o que se deseja somente com a razão.

⚜

Todas as nossas qualidades são incertas e duvidosas tanto no bem quanto no mal e quase todas estão à mercê das circunstâncias.

⚜

Nas primeiras paixões, as mulheres amam o amante, e nas outras, amam o amor.

⚜

O orgulho tem suas extravagâncias, como as outras paixões; envergonhamo-nos de confessar que sentimos ciúme, mas nos vangloriamos de tê-lo sentido e de sermos capazes de senti-lo.

⚜

Por mais raro que seja o verdadeiro amor, é ainda mais raro que a verdadeira amizade.

⚜

Há poucas mulheres em quem o mérito dura mais que a beleza.

⚜

A vontade de ser lamentado ou admirado constitui muitas vezes a maior parte de nossa confiança.

⚜

Nossa inveja dura sempre mais que a felicidade daqueles que invejamos.

⚜

A mesma firmeza que serve para resistir ao amor serve também para torná-lo violento e duradouro, e as pessoas fracas, que são sempre agitadas pelas paixões, quase nunca a têm verdadeiramente.

⚜

A imaginação não poderia inventar contrariedades tão variadas como aquelas que o coração de cada um naturalmente abriga.

⚜

Somente as pessoas que têm firmeza podem ter uma verdadeira brandura; aquelas que parecem brandas geralmente são dominadas pela fraqueza, que logo se converte em amargura.

⚜

A timidez é um defeito perigoso de repreender nas pessoas que queremos livrar dela.

⚜

Nada mais raro que a verdadeira bondade; mesmo aqueles que pensam tê-la, geralmente só têm dela complacência ou fraqueza.

O espírito se apega por fraqueza e por persistência ao que é fácil e agradável, hábito que sempre impõe limites a nossos conhecimentos, e jamais alguém se deu ao trabalho de estender e conduzir o próprio espírito tão longe quanto poderia ir.

Geralmente somos mais maledicentes por vaidade que por malícia.

Quando temos o coração ainda agitado com o que resta de uma paixão, estamos mais perto de sermos invadidos por uma nova do que quando inteiramente curados dela.

Aqueles que tiveram grandes paixões passam a vida toda felizes, e infelizes por se terem curado delas.

Há muito mais pessoas sem interesse do que sem vontade.

Temos mais preguiça no espírito que no corpo.

A calma ou a agitação de nosso humor não depende tanto daquilo que nos acontece de mais considerável na vida do que de um arranjo cômodo ou desagradável das pequenas coisas que acontecem todos os dias.

Por mais maldosos que sejam os homens, não ousariam parecer inimigos da virtude e, se querem persegui-la, fingem acreditar que ela é falsa ou lhe imputam crimes.

⚜

Passa-se com frequência do amor para a ambição, mas não há como retornar da ambição para o amor.

⚜

A extrema avareza quase sempre se engana; não há paixão que com maior frequência se afaste de seu objetivo, nem sobre a qual o presente tenha tanto poder, em prejuízo do futuro.

⚜

A avareza produz com frequência efeitos contrários; há um número infinito de pessoas que sacrificam tudo o que têm a esperanças duvidosas e distantes, enquanto outras desprezam grandes vantagens futuras em troca de pequenos interesses presentes.

⚜

Parece que os homens não encontram suficientes defeitos neles; aumentam seu número com certas qualidades singulares de que fingem se adornar e as cultivam com tanto cuidado, que se tornam, por fim, defeitos naturais, que não depende mais deles corrigir.

⚜

Mostra de que os homens conhecem melhor suas faltas do que se pensa é que nunca julgam estar errados quando falam da própria conduta: o mesmo amor-próprio que geralmente os cega, os ilumina, então, e lhes confere visão tão certa que os faz suprimir ou disfarçar as menores coisas que podem ser condenadas.

⚜

É conveniente que os jovens que fazem sua entrada no mundo sejam acanhados ou aturdidos: um ar capaz e composto revela geralmente impertinência.

As querelas não durariam tanto se o erro estivesse de um lado somente.

De nada serve ser jovem sem ser bela, nem ser bela sem ser jovem.

Há pessoas tão levianas e tão frívolas que ficam igualmente distantes dos verdadeiros defeitos e das qualidades sólidas.

Geralmente só se conta o primeiro galanteio das mulheres depois do segundo.

Há pessoas tão centradas em si mesmas que, quando estão apaixonadas, encontram meio de se ocupar de sua paixão sem se ocupar da pessoa que amam.

O amor, por mais agradável que seja, agrada muito mais pelas maneiras com que se mostra do que por si mesmo.

Pouco espírito com retidão aborrece menos, a longo prazo, que muito espírito arrevesado.

O ciúme é o maior de todos os males e o que menos suscita compaixão às pessoas que o causam.

Depois de ter falado da falsidade de tantas virtudes aparentes, é razoável dizer alguma coisa sobre a falsidade do desprezo da morte. Estou falando desse desprezo da morte que os pagãos se vangloriam de extrair das próprias forças, sem a esperança de uma vida melhor. Há diferença entre suportar a morte constantemente e desprezá-la: o primeiro caso é bastante comum, mas creio que o segundo nunca é sincero. Foi escrito, no entanto, tudo o que pode realmente persuadir de que a morte não é um mal; e os homens mais fracos, assim como os heróis, deram mil exemplos célebres para firmar essa opinião. Duvido, porém, que alguém de bom senso possa ter acreditado nisso; e o esforço que se tem de fazer para persuadir os outros e a si mesmo a respeito mostra muito bem que a empresa não é fácil. Pode-se ter diversos motivos de desgosto na vida, mas nunca se terá razão de desprezar a morte; mesmo aqueles que se matam voluntariamente não a tomam por pouca coisa, ficam assustados com ela e a rejeitam como os outros, quando chega a eles por outra via que não a escolhida.

A desigualdade que se observa na coragem de um número infinito de valentes está em que a morte se revela diversamente à sua imaginação, fazendo-se mais presente num momento que em outro. Desse modo, ocorre que, depois de ter desprezado o que não conheciam, temem o que finalmente conhecem. Deve-se evitar encará-la em todas as suas circunstâncias, se não se quiser crer que é o maior de todos os males. São os mais hábeis e os mais bravos que se valem dos pretextos mais honestos para se furtar à sua consideração, mas todos aqueles que sabem vê-la como é acham que é uma coisa assustadora. A necessidade de morrer alicerçava toda a constância dos filósofos. Julgavam que era necessário ir de bom grado para onde era impossível não ir; e, não podendo eternizar sua vida, não havia o que não fizessem para eternizar sua reputação e salvar do naufrágio o que nem por isso pode ser garantido.

Contentemo-nos, para fazer boa figura, em não dizer a nós mesmos tudo o que dela pensamos e esperemos, mais de nosso temperamento que desses frágeis arrazoados que nos levam a crer que podemos nos aproximar da morte com indiferença. A glória de morrer com firmeza, a esperança de ser deplorado, o desejo de deixar uma boa reputação, a certeza de libertar-se das misérias da vida e de não depender mais dos caprichos da sorte são remédios que não devem ser rejeitados. Não se deve acreditar, porém, que sejam infalíveis. Para nos proteger, fazem o que uma simples cerca muitas vezes faz na guerra, protegendo os que devem se aproximar da linha de tiro; estando longe dela, pensamos que pode nos deixar ao abrigo, mas, quando se está perto, descobre-se que é uma proteção fraca.

É iludir-se acreditar que a morte vá parecer de perto como foi julgada de longe e que nossos sentimentos, que são pura fraqueza, sejam de têmpera bastante forte para não sofrer o golpe da mais rude de todas as provas. É igualmente conhecer mal os efeitos do amor-próprio pensar que possa nos ajudar a descartar totalmente aquilo que deve necessariamente destruí-lo, e a razão, em que pensamos encontrar tantos recursos, é fraca demais nesse embate para nos convencer do que queremos. Ao contrário, é ela que quase sempre nos trai e que, em lugar de nos inspirar o desprezo da morte, nos ajuda a descobrir o que ela tem de pavoroso e terrível. Tudo o que pode fazer por nós é aconselhar-nos a desviar os olhos para pousá-los sobre outros objetos. Catão e Brutus escolheram ilustres deles. Um lacaio, há algum tempo, se contentou em dançar sobre o cadafalso em que ia ser supliciado. Assim, embora os motivos sejam diferentes, produzem os mesmos efeitos, de modo que é verdade que, por maior que seja a desproporção entre os grandes homens e as pessoas comuns, mil vezes já vimos uns e outros acolherem a morte com a mesma fisionomia; mas sempre foi com essa diferença que, no desprezo que os grandes homens deixam transparecer pela morte, é o amor da glória que lhes impede a visão, enquanto nas pessoas comuns é somente o efeito de sua pouca luz que as impede de conhecer a grandeza de seu mal e lhes deixa a liberdade de pensar em outra coisa.

Reflexões Diversas

1

DO VERDADEIRO

O verdadeiro, em qualquer assunto, não pode ser eliminado por nenhuma comparação com outro verdadeiro e, qualquer que seja a diferença entre dois assuntos, o que é verdadeiro num não elimina o que é verdadeiro no outro: podem ter maior ou menor extensão e ser menos ou mais brilhantes, mas são sempre iguais por sua verdade, que não é mais verdade no maior do que no menor. A arte da guerra é mais extensa, mais nobre e mais brilhante que aquela da poesia, mas o poeta e o conquistador são comparáveis, como também, enquanto são verdadeiramente o que são, o legislador e o pintor etc.

Dois assuntos de mesma natureza podem ser diferentes, e mesmo opostos, como o são Cipião e Aníbal, Fábio Máximo e Marcelo[1]; contudo, como suas qualidades são verdadeiras, subsistem uma em a presença da outra e não se eliminam pela comparação. Alexandre e César[2] doam reinos, a viúva doa uma pequena moeda[3]: por diferentes que sejam

(1) N.T.: Publius Cornelius Scipio Africanus (235-183 a.C.), Cipião, o Africano, general romano conseguiu grandes vitórias na Espanha; passando à África, derrotou os exércitos cartagineses da Aníbal em Zama, no ano 202 a.C., pondo fim à segunda guerra púnica. Aníbal (247-183 a.C.), general cartaginês, provocou a guerra púnica em que foi derrotado por Cipião, mas antes havia realizado grandes campanhas bélicas na Espanha e na Itália, chegando a cercar a cidade de Roma. Fabius Maximus Verrucosus (275-203 a.C.), dito Cunctator, foi Cônsul romano por cinco vezes e depois ditador, reconciliou as cidades da Itália meridional que se haviam rebelado por influência de Aníbal. Marcus Claudius Marcellus (268-208 a.C.), general romano, foi cônsul por cinco vezes, combateu as tropas de Aníbal e tomou a cidade de Siracusa, na Sicília, que era defendida por Arquimedes.

(2) N.T.: Alexandre, o Grande (356-323 a.C.), rei da Macedônia, grande conquistador, tomou toda a Ásia Menor, anexou o Egito, onde fundou a cidade de Alexandria, conquistou a Pérsia e se dirigia para a Índia, quando morreu. Caius Julius Caesar (101-44 a.C.), general e estadista romano; depois de grandes conquistas, especialmente da Gália, assumiu o poder em Roma, tornando-se ditador e imperador.

(3) N.T.: Referência ao fato narrado nos Evangelhos de Marcos (XII, 41-44) e de Lucas (XXI, 1-4) em que Cristo observa os ricos depositando esmolas no cofre do templo de Jerusalém, fazendo tilintar suas moedas, e a pobre viúva que deposita, toda cautelosa, duas pequenas moedas; segundo o comentário de Cristo, a esmola da viúva tinha muito mais valor aos olhos de Deus, pois dava tudo o que tinha, ao passo que os ricos davam esmola para se mostrar e davam do que lhes era totalmente supérfluo.

esses presentes, a liberalidade é verdadeira e igual em cada um deles, e cada um doa proporcionalmente ao que ele é.

Um assunto pode ter várias verdades, e outro pode ter somente uma: o assunto que tem muitas verdades tem maior apreço e pode brilhar em setores em que o outro não brilha, mas no setor em que um e outro são verdadeiros, brilham igualmente. Epaminondas[4] era grande capitão, bom cidadão, grande filósofo; era mais estimável que Virgílio[5], porque tinha mais verdades que esse; mas, como grande capitão, Epaminondas não era mais excelente que Virgílio, como grande poeta, porque, por esse lado, não era mais verdadeiro que ele. A crueldade do menino que um cônsul condenou à morte por ter vazado os olhos de uma gralha[6] era menor que a de Felipe II[7], que mandou matar seu filho, e talvez fosse influenciado por menos vícios, mas o grau de crueldade exercida sobre um simples animal não deixa de rivalizar com a crueldade dos príncipes mais cruéis, porque seus diferentes graus de crueldade têm uma verdade igual.

Por mais desproporção que haja entre duas casas que ostentam as belezas que lhes convêm, não se ofuscam uma à outra: Chantilly[8], portanto, não ofusca Liancourt[9], embora tenha infinitamente mais belezas variadas, e assim também Liancourt não ofusca Chantilly; é que Chantilly tem as belezas que convêm à grandeza do Senhor Príncipe, e Liancourt tem as belezas que convêm a um cidadão privado, tendo ambas verdadeiras belezas. Vemos, no entanto, mulheres de uma be-

---

(4) N.T.: Epaminondas (418-362 a.C.), general e estadista grego, de vasta cultura filosófica, deu a Tebas, depois de diversas vitórias no comando de seus exércitos, a hegemonia sobre toda a Grécia.

(5) N.T.: Publius Vergilius Maro (71-19 a.C.), maior poeta latino, conhecido especialmente por sua obra-prima intitulada *Eneida*.

(6) N.T.: Segundo relato de Marcus Fabius Quintilianus (séc. I d.C.), em sua obra De *institutione oratoria* (X, 9, 13), a sentença de morte teria sido pronunciada pelo tribunal contra um menino que arrancava os olhos de gralhas.

(7) N.T.: Felipe II (1527-1598), rei da Espanha e de vasto império (que incluía as colônias das Américas e da Ásia, possessões na África, os Países Baixos, o Ducado de Milão, o reino de Nápoles e, desde 1580, Portugal), foi acusado de ter mandado envenenar seu filho Dom Carlos.

(8) N.T.: Chantilly era o nome do castelo e da propriedade de Louis de Bourbon e Condé, dito, príncipe de Condé (1621-1686), general do exército sob o reinado de Luís XIV; La Rochefoucauld ficou hospedado nesse castelo em 1673.

(9) N.T.: O castelo de Liancourt passou a fazer parte das propriedades da família La Rochefoucauld em 1659, com o casamento de Francisco, filho do autor desta obra, com a srta. Liancourt.

leza irradiante, mas irregular, que muitas vezes ofuscam outras mais verdadeiramente belas; mas como o gosto, que facilmente se previne, é o juiz da beleza e que a beleza das pessoas mais belas nem sempre é igual, ocorre que as menos belas ofuscam as outras, nem que seja só por alguns momentos; é que a diferença da luz e do dia faz discernir de forma imprecisa a verdade que está nos traços ou nas cores, faz ver o que a menos bela tem de belo e impede de ver o que é verdadeiro e belo na outra.

2

DA SOCIEDADE

Minha intenção não é falar da amizade, ao falar da sociedade; embora tenham entre si alguma relação, são, contudo, muito diferentes: a primeira tem mais elevação e dignidade, e o maior mérito da outra é assemelhar-se à primeira. Não vou falar agora, portanto, senão da convivência peculiar que, juntas, as pessoas honestas devem ter.

Seria inútil dizer quanto a sociedade é necessária aos homens: todos a desejam e todos a procuram, mas poucos lançam mão dos meios para torná-la agradável e fazê-la perdurar. Cada um só se interessa em procurar o próprio prazer e as próprias vantagens à custa dos outros; nós nos preferimos sempre àqueles com quem nos propusemos viver e quase sempre os levamos a sentir essa preferência; é o que perturba e destrói a sociedade. Conviria pelo menos saber ocultar esse desejo de preferência, porquanto é muito natural em nós para podermos nos desfazer dele; conviria procurar nosso prazer e também o dos outros, saber administrar o amor-próprio deles e nunca feri-lo.

O espírito tem parte importante nessa grande obra, mas sozinho não pode nos conduzir pelos variados caminhos que é necessário seguir. A relação que existe entre os espíritos não manteria por muito tempo a sociedade se não fosse regulada e sustentada pelo bom senso, pelo humor e pelas considerações que deve haver entre as pessoas que desejam viver junto. Se às vezes acontece que pessoas de humor e espírito opostos parecem unidas, sem dúvida o são por ligações estranhas que não duram muito tempo. Podemos também conviver em sociedade com pessoas a quem somos superiores pelo nascimento ou por qualidades pessoais, mas aqueles que têm essa vantagem não devem abusar desse fato; raramente devem fazer valer isso e usar dessa superioridade somente para instruir os outros; devem levá-los a perceber que necessitam ser conduzidos, levando-os pela razão, acomodando-se, quanto possível, a seus sentimentos e a seus interesses.

Para tornar cômoda a sociedade, é necessário que cada um conserve sua liberdade: é necessário ver-se ou não sem sujeição, divertir-se e mesmo se aborrecer com os outros; é necessário poder se separar, sem que essa separação traga mudança; é necessário poder viver uns sem os outros, se não se quiser se expor às vezes a embaraços, e é preciso lembrar que frequentemente incomodamos quando pensamos que nunca podemos incomodar. É necessário contribuir, tanto quanto possível, para o entretenimento das pessoas com quem se quer viver, mas não é necessário estar sempre empenhado nos cuidados dessa contribuição. A complacência é necessária na sociedade, mas deve ter limites: torna-se uma servidão quando é excessiva; é necessário pelo menos que pareça livre e que, ao seguirmos a opinião de nossos amigos, estejam convencidos de que é a nossa também que seguimos.

É necessário estar propenso a desculpar os amigos quando seus defeitos nasceram com eles e quando são menores que suas boas qualidades; com frequência é necessário evitar fazê-los ver que os observamos e ficamos chocados, e devemos tratar de fazer com que eles mesmos possam perceber isso, para lhes deixar o mérito de se corrigir deles.

Há uma espécie de boa educação que é necessária na convivência com os honestos; essa polidez os leva a entender as brincadeiras e os impede de ficar chocados e chocar os outros com certos modos de falar muito secos e duros que, muitas vezes, escapam sem querer, quando se defende a própria opinião com calor.

A convivência com os honestos não pode subsistir sem certa espécie de confiança que deve ser comum entre eles; é necessário que cada um mostre um ar de segurança e de discrição que nunca dê lugar a recear que se possa dizer algo por imprudência.

É necessária variedade no espírito: aqueles que só possuem uma espécie de espírito não podem agradar por muito tempo. Podemos seguir caminhos diversos, não ter a mesma visão e os mesmos talentos, contanto que contribuamos para o prazer da sociedade e observemos nela a mesma justeza que as diferentes vozes e os diversos instrumentos devem observar na música.

Como não é fácil que muitos possam ter os mesmos interesses, é necessário, pelo menos, para a amenização da sociedade, que não os tenham contrários. Devemos nos adiantar ao que possa agradar a nossos amigos, procurar os meios para ser úteis a eles, poupar-lhes mágoas, fazê-los ver que as compartilhamos quando não podemos evitá-las, apagá-las imperceptivelmente sem pretender extirpá-las de uma só vez, dispor em seu lugar objetos agradáveis ou que pelo menos os ocupem. Podemos falar de coisas que dizem respeito a eles, mas somente se o permitirem, procurando guardar justas medidas; há polidez, e às vezes até mesmo humanidade, em não entrar demasiadamente no recôndito de seu coração; muitas vezes sentem dificuldade em deixar transparecer tudo o que conhecem dele e, mais ainda, quando se penetra naquilo que eles não conhecem. Embora a convivência entre os honestos lhes confira familiaridade e lhes forneça um número infinito de assuntos de que falar sinceramente, quase ninguém é dócil e tem bom senso suficiente para acolher opiniões diversas que são necessárias à manutenção da sociedade: queremos que nos advirtam até certo ponto, mas não a respeito de tudo, e receamos conhecer todas as espécies de verdades.

Assim como se deve manter distância para ver os objetos, assim também se deve mantê-la em relação à sociedade: cada um tem seu ponto de vista, de onde quer ser observado; temos razão, na maioria das vezes, de não querermos ser iluminados de muito perto e não há praticamente homem que queira, em todas as coisas, se deixar ver exatamente como é.

3

DOS ARES QUE ALGUÉM SE DÁ E DAS MANEIRAS

Há um ar que convém à fisionomia e aos talentos de cada pessoa; sempre se perde quando é abandonado para assumir outro. Deve-se tratar de conhecer aquele que é natural, não desfazer-se dele e aperfeiçoá-lo o mais possível.

O que faz com que a maioria das crianças agrade é que elas se encontram ainda encerradas nesse ar e nessas maneiras que a natureza lhes deu e que não conhecem outras. Mudam-nos e os corrompem quando deixam a infância: julgam que devem imitar o que veem os outros fazer, sem poder imitá-los perfeitamente; há sempre algo de falso e de incerto nessa imitação. Nada têm de fixo em suas maneiras e em seus sentimentos; com efeito, em vez de serem o que querem parecer, procuram parecer o que não são. Cada um quer ser outro e não ser mais o que é: procuram uma atitude fora de si mesmos e um espírito que não é o seu; assumem tons e maneiras ao acaso; fazem a experiência consigo mesmos, sem considerar que aquilo que convém a uns não convém a todos, que não há regra geral para tons e maneiras e que as cópias nunca são boas. Dois homens, contudo, podem ter relação em muitas coisas sem ser a cópia um do outro, se cada um deles seguir seu caráter natural, mas quase ninguém o segue inteiramente. Gosta-se de imitar; frequentemente se imita sem que se perceba e se negligencia o próprio por bens estranhos que geralmente não convêm.

Não pretendo, por aquilo que digo, encerrar-nos de tal modo em nós mesmos que não tenhamos liberdade de seguir exemplos e de juntar a nós qualidades úteis ou necessárias que a natureza não nos deu: as artes e as ciências convêm à maioria daqueles que delas são capazes, a graça e a polidez convêm a todos, mas, uma vez adquiridas, essas qualidades devem manter certa relação e certa união com nossas qualidades, que imperceptivelmente as estendem e as aumentam.

Somos às vezes elevados a uma posição e a dignidades acima de nós, muitas vezes nos empenhamos em nova profissão a que a natureza não nos destinou; todas essas condições têm cada uma os ares que lhes convêm, mas que nem sempre convêm a nosso ar natural; essa mudança de nossa sorte modifica muitas vezes nosso ar e nossas maneiras, emprestando-lhes o ar da dignidade, que é sempre falso quando muito marcado e quando não é muito unido e confundido com o ar que a natureza nos deu: é necessário uni-los e mesclá-los para que nunca pareçam separados.

Não se fala de todas as coisas no mesmo tom e da mesma maneira; não se marcha à frente de um regimento como se anda ao passear. É necessário, pois, que o mesmo ar nos faça dizer naturalmente coisas diferentes e nos faça caminhar de modo diferente, mas sempre de modo natural, como convém andar à frente de um regimento e num passeio.

Há aqueles que não se contentam em renunciar a seu ar próprio e natural para adotar aquele da posição e da dignidade a que conseguiram chegar; há até aqueles que assumem de antemão um ar da dignidade e da posição a que aspiram. *Quantos generais não aprendem a parecer marechais da França! Quantos homens togados ensaiam inutilmente os ares de chanceler, e quantas burguesas se dão ares de duquesas!*

O que é sempre desagradável é que ninguém sabe concordar o ar e as maneiras com sua fisionomia, nem os tons e as palavras com seus pensamentos e sentimentos; turba-se sua harmonia com alguma coisa de falso e de estranho; ficamos esquecidos e imperceptivelmente nos afastamos de nós mesmos. Quase todos incidem, de alguma forma, nesse defeito; ninguém tem o ouvido suficientemente afinado para ouvir com perfeição essa espécie de cadência. Milhares desagradam com qualidades amáveis, milhares agradam com talentos medíocres: é que uns querem parecer o que não são, os outros são o que parecem; finalmente, quaisquer que forem as vantagens ou desvantagens que recebemos da natureza, agradamos à medida que seguimos nosso ar, os tons, as maneiras e os sentimentos que convêm a nossa condição e a nossa fisionomia, e desagradamos à medida que deles nos distanciamos.

4

DA CONVERSA

O que faz que tão poucos sejam agradáveis na conversa é que cada um pensa mais no que quer dizer do que no que os outros dizem. É necessário escutar aqueles que falam, se quisermos ser escutados; é necessário lhes deixar a liberdade de se fazerem ouvir e mesmo de dizerem coisas inúteis. Em vez de contradizê-los ou interrompê-los, como seguidamente fazemos, devemos, ao contrário, entrar em seu espírito e em seu gosto, mostrar que os ouvimos, falar-lhes do que os toca, elogiar o que dizem, se merecer ser elogiado, dar mostras de que é antes por escolha que por complacência que elogiamos. É necessário evitar contestar coisas indiferentes, raramente fazer perguntas inúteis, nunca deixar transparecer que pretendemos ter mais razão que os outros e ceder com elegância a vantagem da decisão.

Devemos dizer coisas naturais, fáceis e mais ou menos sérias, segundo o humor e a inclinação das pessoas com quem nos entretemos, não coagi-las a aprovar o que dizemos, nem mesmo a responder. Quando assim tivermos satisfeito os deveres da civilidade, podemos falar dos próprios sentimentos, sem prevenção e sem obstinação, deixando transparecer que procuramos apoiá-los na opinião daqueles que ouvem.

Deve-se evitar falar longamente de si mesmo e apresentar-se como exemplo com frequência. Não se poderia ter demasiada aplicação em conhecer a inclinação e o alcance daqueles com quem se fala, para se juntar ao espírito daquele que o tem mais apurado e para somar os próprios pensamentos aos dele, fazendo-o acreditar, sempre que possível, que é dele que a gente os toma. É uma habilidade não esgotar os assuntos de que se trata e deixar sempre aos outros alguma coisa a pensar e a dizer.

Nunca se deve falar com ares de autoridade, nem se servir de palavras e termos maiores que as coisas. Pode-se manter as próprias opiniões, se forem razoáveis; mas, ao mantê-las, não se deve jamais ferir as opiniões dos outros, nem parecer chocado com o que dizem. É perigoso querer dominar sempre a conversa e falar repetidas vezes da mesma coisa; deve-se participar indiferentemente de todos os assuntos agradáveis que se apresentam, sem nunca mostrar que se deseja levar a conversa para o que se tem vontade de dizer.

É necessário observar que toda espécie de conversa, por mais honesta e espiritual que seja, não é igualmente própria para toda espécie de pessoas honestas: é preciso escolher o que convém a cada uma e escolher até mesmo o momento de dizê-lo; mas, se há muita arte em falar, não há menos arte em se calar. Há um silêncio que é eloquente: ele serve às vezes para aprovar e para condenar; há um silêncio zombeteiro; há um silêncio respeitoso; há ares, tiradas e maneiras que fazem com frequência o que há de agradável ou de desagradável, de delicado ou de chocante na conversa. O segredo para bem empregá-los é dado a poucos; aqueles mesmos que estabelecem suas regras se equivocam às vezes; a mais segura, segundo meu parecer, é não ter nenhuma que não possa ser modificada, é antes aparentar negligência que afetação, no que se diz, é escutar, quase não falar e nunca se forçar a falar.

5

DA CONFIANÇA

Embora a sinceridade e a confiança tenham relação entre si, são, no entanto, diferentes em muitas coisas: a sinceridade é uma abertura do coração que nos mostra precisamente como somos; é um amor da verdade, uma repugnância a se disfarçar, um desejo de se compensar dos próprios defeitos e até de diminuí-los pelo mérito de confessá-los. A confiança não nos deixa tanta liberdade, suas regras são mais estritas, pede mais prudência e recato e nem sempre somos livres para dispor dela: não se trata unicamente de nós e geralmente nossos interesses se mesclam com os interesses dos outros. Ela necessita de grande justeza para não entregar nossos amigos, ao nos entregar a nós mesmos, e para não fazer presentes de seus bens com a finalidade de aumentar o valor daquilo que nós damos.

A confiança agrada sempre a quem a recebe: é um tributo que pagamos ao mérito do outro; é um depósito que fazemos à sua lealdade; são penhores que lhe dão um direito sobre nós e uma espécie de dependência a que nos sujeitamos voluntariamente. Não pretendo, com o que digo, destruir a confiança, tão necessária entre os homens, porquanto ela é o laço da sociedade e da amizade: pretendo somente impor limites e torná-la honesta e fiel. Quero que ela seja sempre verdadeira e sempre prudente e que não tenha fraqueza nem interesse; bem sei que é difícil impor justos limites à maneira de receber toda espécie de confiança de nossos amigos e fazê-los compartilhar da nossa.

Na maioria das vezes confiamos por vaidade, por vontade de falar, pelo desejo de atrair a confiança dos outros e para trocar segredos. Há pessoas que podem ter razão em confiar em nós e com quem não teríamos razões para ter a mesma conduta; com elas saldamos nossa conta guardando seus segredos e pagando-as com pequenas confidências. Há outras cuja fidelidade nos é conhecida, que nada nos escondem e em quem podemos confiar por escolha e por estima. Nada do que só a nós se refere devemos ocultar delas, mostrando-nos sempre verdadeiros em nossas boas qualidades e mesmo em nossos defeitos, sem exagerar as primeiras nem diminuir os segundos, tendo por lei nunca lhes fazer meias confidências; essas sempre embaraçam aqueles que as fazem e quase nunca satisfazem aqueles que as recebem: nós lhes transmitimos luzes confusas daquilo que queremos ocultar, aumentamos sua curiosidade, lhes damos o direito de querer saber mais, e eles se julgam na liberdade de dispor daquilo que conseguiram saber. É mais seguro e mais honesto nada lhes dizer do que se calar depois de ter começado a falar.

Há outras regras a seguir para as coisas que nos foram confiadas. Quanto mais importantes forem, mais prudência e fidelidade são necessárias. Todos concordam que o segredo deve ser inviolável, mas nem sempre se está de acordo com a natureza e a importância do segredo; muitas vezes só nos consultamos a nós mesmos sobre o que devemos dizer e sobre o que devemos calar; há poucos segredos que o sejam para sempre, e o escrúpulo de revelá-los não dura muito.

Temos ligações estreitas com amigos cuja fidelidade conhecemos; eles sempre nos falaram sem reservas, e sempre guardamos as mesmas medidas com eles; conhecem nossos hábitos e nossa convivência e nos veem de muito perto para não perceber a menor mudança; podem saber, de resto, o que nos comprometemos a nunca dizer a ninguém; não estava em nosso poder fazê-los participar daquilo que nos confiaram; eles teriam até certo interesse em saber; temos neles a mesma confiança que em nós próprios e nos vemos na cruel necessidade de perder sua amizade, que nos é preciosa, ou de faltar com a palavra dada com relação ao segredo. Esse estado é sem dúvida a mais rude prova de fidelidade, mas não deve abalar o homem honesto: é então que lhe é permitido preferir-se aos outros; seu primeiro dever é conservar indispensavelmente intacto esse depósito, sem pesar as consequências; deve não somente tomar cuidado com suas palavras e seus tons, mas também suas conjeturas, e nunca dar a entender, em seus discursos e no ar que assume, nada que dirija o espírito dos outros para o que não quer dizer.

Muitas vezes temos necessidade de força e de prudência para opor à tirania da maioria de nossos amigos que se arrogam o direito sobre nossa confiança e querem saber tudo de nós. Nunca devemos deixar que se deem esse direito sem exceção: há encontros e circunstâncias que não são de sua jurisdição; caso se queixem, devemos suportar suas queixas e nos justificar com brandura; mas se continuarem injustos, devemos sacrificar sua amizade ao dever e escolher, entre dois males inevitáveis, dos quais, um deles pode ser reparado e o outro é sem remédio.

6

DO AMOR E DO MAR

Aqueles que quiseram nos representar o amor e seus caprichos o compararam de tantas maneiras ao mar que é difícil acrescentar o que quer que seja ao que disseram. Fizeram-nos ver que um e outro têm inconstância e infidelidade iguais, que seus bens e seus males são inumeráveis, que as navegações mais felizes ficam expostas a mil perigos, que as tempestades e os escolhos sempre devem ser temidos e que, muitas vezes, mesmo no porto se naufraga. Mas, ao nos exprimirem tantas esperanças e tantos temores, não nos mostraram de modo suficiente, me parece, a relação que há de um amor desgastado, inerte e em fase final com essas longas bonanças, com essas calmarias aborrecedoras que são encontradas no percurso: cansados da longa viagem, desejamos que chegue ao fim; avistamos a terra, mas o vento não sopra para chegar a ela; vemo-nos expostos às intempéries das estações; as doenças e a apatia nos impedem de agir; a água e os víveres faltam ou mudam de gosto; recorremos inutilmente a um socorro estranho; tentamos pescar, mas só conseguimos alguns poucos peixes, sem deles tirar alívio ou alimento; estamos cansados de tudo o que vemos, ficamos sempre com nossos pensamentos e estamos sempre aborrecidos; vivemos ainda, mas lamentamos viver; esperamos por desejos que nos levem a sair de um estado penoso e apático, mas os que conseguimos ter são fracos e inúteis.

7

DOS EXEMPLOS

Qualquer que seja a diferença entre os bons e os maus exemplos, pode-se constatar que uns e outros produziram quase igualmente maus efeitos. Não sei ao certo se os crimes de Tibério e de Nero[(10)] nos afastam mais do vício do que os estimáveis exemplos dos grandes homens nos aproximam da virtude. Quantos fanfarrões não terá produzido a coragem de Alexandre! Quanta empresa contra a pátria não terá autorizado a glória de César! Quanto Roma e Esparta não terão elogiado virtudes selvagens! Quantos importunos filósofos não terá feito Diógenes[(11)], quantos tagarelas não terá produzido Cícero[(12)], quantos neutros e preguiçosos não fez surgir Pompônio Ático[(13)], quantos vingativos produziram Mário

(10) N.T.: Dois imperadores romanos de caráter totalmente diverso: Tiberius Julius Caesar (42 a.C.-37 d.C.), foi imperador do ano 14 ao ano 37; era homem reservado, introvertido, frio, orgulhoso, mas também competente, refinado e culto; no final de seu governo instaurou um regime de terror, vingando-se daqueles que queriam derrubá-lo. Lucius Domitius Claudius Nero (37-68) foi imperador de 54 a 68; moderado e compenetrado em seus deveres de governante nos cinco primeiros anos de sua gestão, especialmente por causa de seu principal conselheiro, o filósofo Sêneca, tornou-se depois devasso, depravado e criminoso: mandou incendiar Roma para seu deleite, mandou matar a própria mãe, Agripina, obrigou Sêneca a se suicidar, instaurando um insustentável período de medo e de terror; finalmente, para fugir à pressão do Senado e do povo, se suicidou.

(11) N.T.: Diógenes, o Cínico (404-323 a.C.), filósofo grego; segundo ele, a virtude é o bem supremo; o resto (bens, riquezas, honras, desejos, a própria ciência, valores sociais) são falsos bens, que devem ser desprezados. Ao que conta a lenda, sua morada era um tonel; perguntado um dia por Alexandre, o Grande, se desejava alguma coisa, Diógenes respondeu: "Quero apenas a luz do sol. Afasta-te de mim".

(12) N.T.: Marcus Tullius Cícero (106-43 a.C.), jurista, filósofo e escritor latino; várias de suas obras já foram publicadas nesta coleção da Editora Escala.

(13) N.T.: Titus Pomponius Atticus (109-32 a.C.), amigo de Cícero, com quem se correspondeu epistolarmente durante mais de vinte anos; uma das obras de Cícero, intitulada *Epistulae ad Atticum*, é uma coletânea de 396 cartas do filósofo endereçadas ao amigo.

e Sila[14], quantos voluptuosos criaram Alcibíades e Antônio[15], quantos obstinados não fez Catão[16]! Todos esses grandes originais produziram um número infinito de más cópias. As virtudes são fronteiras dos vícios; os exemplos são guias que muitas vezes nos desviam do caminho; e estamos tão imbuídos de falsidade que nos servimos deles tanto para nos afastar do caminho da virtude como para segui-lo.

---

(14) N.T.: Caius Marius (157-86 a.C.), general e político romano, tribuno e pretor foi sete vezes cônsul de Roma (correspondendo ao atual cargo de prefeito da cidade), vitorioso em muitas batalhas e guerras depois de organizar profissionalmente o exército romano, era inimigo declarado de Lucius Cornelius Sila ou Sula (138-78 a.C.); após diversas vitórias em guerras, tomou Roma, obrigando Mário a fugir; tornou-se ditador no ano 82 e baniu os seguidores de Mário; reformulou o exército, o Senado, restaurou a religião do Estado, libertou milhares de escravos e concentrou todo o poder em torno de si; ao perder o apoio do Senado, abdicou no ano 79.

(15) N.T.: Alcibíades (450-404 a.C.), estadista ateniense, levou Atenas à supremacia em terras gregas, especialmente com relação à rival Esparta. Marcus Antonius (88-30 a.C.), general romano e pretendente à sucessão de César, formou inicialmente o triunvirato com Otaviano Augusto e Lépido, cabendo-lhe o governo do Oriente com sede em Alexandria; eliminado Lépido, Augusto declarou guerra a Antônio, vencendo-o e assumindo sozinho o governo do vasto império romano; derrotado, Antônio se suicidou.

(16) N.T.: Marcus Porcius Cato, o Censor (234-149 a.C.), estadista romano, lutou contra o luxo, a corrupção, pregando uma moral austera; é dela a célebre frase "*delenda est Carthago*" (Cartago deve ser destruída), temendo uma insurreição dessa cidade africana.

8

DA INCERTEZA DO CIÚME

Quanto mais falamos de nosso ciúme, mais as passagens que causaram desagrado aparecem de diferentes perspectivas; as menores circunstâncias as modificam e levam sempre a descobrir algo novo. Essas novidades fazem rever sob outras aparências o que pensávamos ter visto e pesado de modo suficiente; procuramos nos ater a uma opinião e não nos atemos a nada; tudo o que há de mais oposto e de mais apagado se apresenta ao mesmo tempo; queremos odiar e queremos amar, mas amamos também quando odiamos e também odiamos quando amamos; acreditamos em tudo e duvidamos de tudo; sentimos vergonha e despeito por ter acreditado e duvidado; trabalhamos incessantemente para impor nossa opinião, mas nunca a conduzimos a um ponto fixo.

Os poetas deveriam comparar essa opinião ao sofrimento de Sísifo[17], porquanto rolamos tão inutilmente como ele uma rocha por um caminho penoso e perigoso; vemos o cume da montanha e nos esforçamos para chegar até lá, às vezes temos esperança, mas nunca chegamos. Não somos bastante felizes para ousar acreditar naquilo que desejamos, nem bastante felizes tampouco para ter a certeza do que mais tememos. Estamos sujeitos a uma incerteza eterna que nos apresenta sucessivamente bens e males, que sempre nos escapam.

(17) N.T.: Segundo a mitologia grega, Sísifo teria sido rei de Corinto que desafiou os deuses para tentar escapar da morte. Como castigo, foi condenado a rolar uma enorme pedra montanha acima; cada vez que estava prestes a atingir o cume, a pedra rolava montanha abaixo, forçando Sísifo a recomeçar o trabalho.

9

DO AMOR E DA VIDA

O amor é uma imagem de nossa vida: um e outra estão sujeitos às mesmas revoluções e às mesmas mudanças. Sua juventude é cheia de alegria e de esperança: ficamos felizes por sermos jovens como ficamos felizes por amar. Esse estado tão agradável nos leva a desejar outros bens, e bens mais sólidos; não nos contentamos em subsistir, queremos progredir e nos ocupamos dos meios para avançar e garantir a própria fortuna; procuramos a proteção dos ministros, tentamos nos tornar úteis aos interesses deles; não podemos suportar que alguém pretenda o que pretendemos. Essa emulação é atravessada por mil cuidados e mil dificuldades que são ofuscados pelo prazer de nos vermos estabelecidos: todas as paixões são então satisfeitas e não prevemos que possamos deixar de ser felizes.

Essa felicidade, contudo, raramente é de longa duração e não pode por muito tempo conservar a graça da novidade. Por termos o que um dia desejamos, nem por isso deixamos de desejar mais ainda. Nós nos acostumamos a tudo o que nos pertence; os mesmos bens não conservam o mesmo preço nem nos tocam sempre o gosto de igual forma; mudamos imperceptivelmente, sem notar nossa mudança; o que obtivemos se torna parte de nós mesmos; ficaríamos cruelmente afetados se o perdêssemos, mas não somos tão sensíveis ao prazer de conservá-los; se a alegria não é mais tão viva, nós a procuramos em outra coisa do que naquilo que tanto havíamos desejado. Essa inconstância involuntária é um efeito do tempo que, apesar de nós, influencia no amor e na vida; ele imperceptivelmente apaga a cada dia certo ar de juventude e de alacridade, e destrói seus verdadeiros encantos; assumimos modos mais sérios, acrescentamos interesses à paixão; o amor não subsiste mais por si e lança mão do auxílio de outros.

Esse estado do amor representa o pendor da idade, em que começamos a entrever por onde devemos chegar ao fim; mas não temos a força de terminar voluntariamente e, no declínio do amor como no declínio da vida, ninguém pode decidir-se a prevenir os desgostos que deverá ainda experimentar; vivemos ainda para os males, mas não vivemos mais para os prazeres. O ciúme, a desconfiança, o medo de aborrecer, o medo de ser deixado são dificuldades ligadas à velhice do amor, assim como as doenças estão ligadas à demasiado longa duração da vida: somente nos sentimos vivos porque nos sentimos doentes e de igual modo somente nos sentimos apaixonados porque sofremos todas as dores do amor. Não saímos do torpor das demasiado longas ligações senão pelo despeito e pela mágoa de nos vermos sempre ligados; finalmente, de todas as decrepitudes, aquela do amor é a mais insuportável.

10

DOS GOSTOS

Há pessoas que têm mais espírito que gosto e outras que têm mais gosto que espírito; há mais variedade e capricho no gosto que no espírito.

O termo *gosto* tem diversas significações e é fácil se enganar a respeito. Há diferença entre o gosto que nos leva às coisas e o gosto que nos faz discernir suas qualidades, seguindo certas regras; podemos apreciar a comédia sem ter o gosto bastante refinado e bastante delicado para julgá-la, e podemos ter o gosto bastante bom para julgar a comédia sem apreciá-la. Há gostos que nos aproximam imperceptivelmente daquilo que aparece diante de nós; há outros que nos arrastam com sua força ou por sua duração.

Há pessoas que têm o gosto falso em tudo, outras que só o têm falso em certas coisas e o têm reto e justo no que está a seu alcance. Outras têm gostos particulares, que reconhecem serem maus, mas não deixam de segui-los. Há outras que têm o gosto incerto; o acaso decide; mudam por leviandade e são movidas pelo prazer ou pelo tédio, conforme a palavra dos amigos. Outras estão sempre antecipadamente dispostas; são escravas de seus gostos e os respeitam em todas as coisas. Há ainda aquelas que são sensíveis ao que é bom e se chocam com aquilo que não o é; sua visão é clara e justa, e encontram a razão de seu gosto em seu espírito e em seu discernimento.

Há pessoas que, por uma espécie de instinto cuja causa ignoram, decidem sobre o que se apresenta a elas e tomam sempre o bom partido. Elas dão mostras de mais gosto do que espírito porque seu amor-próprio e seu humor não prevalecem sobre suas luzes naturais; tudo neles age em harmonia, tudo neles está no mesmo tom. Essa harmonia os leva a julgar objetos de forma sadia e forma neles uma ideia verdadeira desses objetos; mas, falando de modo geral, há poucas pessoas que tenham o gosto fixo e independente daquele dos outros; seguem o exemplo e o costume e deles tiram quase tudo o que têm de gosto.

Em todas essas diferenças de gostos que acabamos de assinalar, é muito raro, e quase impossível, encontrar essa espécie de bom gosto que sabe dar o preço a cada coisa, que conhece todo o seu valor e que se estende geralmente a tudo: nossos conhecimentos são muito limitados e essa correta disposição das qualidades que leva a julgar bem se conserva geralmente somente naquilo que não nos diz respeito diretamente. Quando se trata de nós, nosso gosto não tem mais essa correção tão necessária, a preocupação a perturba, tudo o que se relaciona a nós nos aparece sob outro prisma. Ninguém vê com os mesmos olhos o que o toca e o que não o toca; nosso gosto é então conduzido pela inclinação do amor-próprio e do humor, que nos oferecem novas perspectivas e nos sujeitam a um número infinito de mudanças e de incertezas; nosso gosto não é mais nosso, não dispomos mais dele, muda sem nosso consentimento, e os mesmos objetos nos aparecem por tantos lados diferentes que desconhecemos, enfim, o que vimos e o que sentimos.

11

DA RELAÇÃO DOS HOMENS COM OS ANIMAIS

Há tantas espécies diferentes de homens quantas são as diferentes espécies de animais, e os homens são, em relação aos outros homens, o que as diferentes espécies de animais são entre si e em relação de umas para com as outras. Quantos homens não vivem do sangue e da vida dos inocentes, uns como tigres, sempre ferozes e cruéis, outros como leões, conservando certa aparência de generosidade, outros como ursos, grosseiros e ávidos, outros como lobos, rapaces e impiedosos, outros como raposas, que vivem da astúcia e cujo ofício é lograr!

Quantos homens não têm parte com os cães! Destroem a própria espécie; caçam para o prazer daquele que os alimenta; uns seguem sempre seu dono, outros guardam sua casa. Há cães lebréus de ataque, que vivem de sua coragem, que se destinam à guerra e que têm nobreza em sua coragem; há dogues de grande porte encarniçados, cuja única qualidade é o furor; há cães, mais ou menos inúteis, que ladram com frequência e só às vezes mordem; há até mesmo cães de horticultor[18]. Há macacos e macacas que agradam por seus jeitos, que têm espírito e que sempre fazem o mal. Há pavões que só têm beleza, que desagradam quando cantam e que destroem os lugares que habitam.

Há pássaros que só se recomendam por sua plumagem ou por suas cores. Quantos papagaios que falam sem cessar e nunca entendem o que dizem; quantas pegas e gralhas que se deixam amansar para furtar mais facilmente; quantas aves de rapina que só vivem de rapina; quantas espécies de animais pacíficos e tranquilos que só servem para alimentar outros animais!

(18) N.T.: Expressão proverbial para indicar pessoas que não sabem fazer nem deixam fazer, como o cão que guarda uma horta, pois não come legumes nem frutos e não deixa ninguém se aproximar deles.

Há gatos, sempre à espreita, maliciosos e infiéis, que têm patas de veludo; há víboras cuja língua é venenosa e cujo resto é inútil; há aranhas, moscas, pulgas e percevejos que são sempre incômodos e insuportáveis; há sapos que só causam horror e que só têm veneno; há corujas que temem a luz. Quantos animais vivem debaixo da terra somente para se preservar! Quantos cavalos empregamos para tantos serviços e abandonamos quando não servem mais; quantos bois trabalham a vida toda para enriquecer aquele que lhes impõe o jugo; quantas cigarras que passam a vida a cantar; lebres que têm medo de tudo; coelhos que se assustam e sossegam num instante; porcos que vivem na sujeira e no lixo; canários domesticados que traem seus semelhantes e os atraem para a rede; corvos e abutres que só vivem de podridão e corpos mortos! Quantas aves de arribação que vão de um fim de mundo para o outro e se expõem a tantos perigos para viver! Quantas andorinhas que sempre seguem o bom tempo; besouros irrefletidos e sem destino; borboletas que procuram o fogo que as queima! Quantas abelhas que respeitam a rainha e que se mantêm com disciplina e indústria! Quantos zangões, errantes e vagabundos, que procuram se estabelecer à custa das abelhas! Quantas formigas cuja previdência e economia aliviam todas as suas necessidades! Quantos crocodilos que fingem derramar lágrimas para devorar aqueles que com elas se comovem! E quantos animais são subjugados porque ignoram sua força!

Todas essas qualidades se encontram no homem, e ele exerce, em relação com os outros homens, tudo o que os animais de que acabamos de falar exercem entre si.

12

DA ORIGEM DAS DOENÇAS

Se examinarmos a natureza das doenças, veremos que se originam das paixões e das inquietações do espírito. A idade do ouro, que estava isenta delas, estava também isenta de doenças. A idade da prata, que veio em seguida, conservou ainda sua pureza. A idade do bronze deu à luz as paixões e as inquietações do espírito: começaram a se formar e tinham ainda a fraqueza da infância e sua ingenuidade. Mas elas apareceram com toda a sua força e com toda a sua malignidade na idade do ferro e difundiram no mundo, com sua consequente corrupção, as diversas doenças que afligiram os homens há tantos séculos. A ambição produziu as febres agudas e frenéticas; a inveja produziu a icterícia e a insônia; é da preguiça que provêm as letargias, as paralisias e os torpores; a cólera produziu a sufocação, as ebulições do sangue e as inflamações do peito; o medo alterou as batidas cardíacas e produziu as síncopes; a vaidade provocou a loucura; a avareza deu origem à tinha e à sarna; a tristeza desencadeou o escorbuto; a crueldade, os cálculos renais; a calúnia e as falsas relações espalharam a rubéola, a varíola e a escarlatina; ao ciúme devemos a gangrena, a peste e a raiva. As desgraças imprevistas resultaram na apoplexia; os processos deram origem à enxaqueca e à comoção cerebral; as dívidas produziram as febres héticas; o tédio do casamento produziu a febre quartã; e o cansaço dos amantes que não ousam se deixar causou os vapores. O amor, por si só, causou mais males que todo o resto somado, e ninguém deve pretender exprimi-los; mas como causa também os maiores bens da vida, em vez de amaldiçoá-lo, é melhor calar; devemos temê-lo e respeitá-lo sempre.

13

DO FALSO

Podemos ser falsos de diferentes maneiras. Há falsos que querem sempre parecer o que não são. Há outros, de melhor fé, que nasceram falsos, que se enganam a si mesmos e que nunca veem as coisas como elas são. Há falso cujo espírito é reto e o gosto é falso. Outros têm o espírito falso e certa retidão no gosto. E há ainda aqueles que nada têm de falso no gosto nem no espírito. Esses são muito raros porque, falando de modo geral, não há quase ninguém que não tenha falsidade em alguma parte do espírito ou do gosto.

O que torna tão universal essa falsidade é que nossas qualidades são incertas e confusas e que nossa visão também o é; não vemos as coisas precisamente como são, as estimamos mais ou menos de acordo com seu valor, não as trazemos até nós da maneira que lhes convém e que convém a nosso estado e a nossas qualidades. Esse erro de cálculo acarreta um número infinito de falsidades no gosto e no espírito: nosso amor-próprio é lisonjeado por tudo o que se apresenta a nós sob as aparências de bem; mas como há várias espécies de bens que tocam nossa vaidade ou nosso temperamento, os seguimos muitas vezes por costume ou por comodidade; nós os seguimos porque os outros os seguem, sem considerar que um mesmo sentimento não deve ser igualmente abraçado por toda espécie de pessoas e que a ele nos devemos apegar de maneira mais ou menos decisiva, segundo convém mais ou menos aos que o seguem.

Receamos muito mais mostrar-nos falsos pelo gosto que pelo espírito. Os honestos devem aprovar sem prevenção o que merece ser aprovado, seguir o que merece ser seguido e não se vangloria de nada. Mas para isso são necessárias grande proporção e grande correção; é necessário saber discernir o que é bom em geral e o que nos é próprio, e seguir então com a razão a inclinação natural que nos leva para as coisas que nos agradam. Se os homens quisessem se sobressair somente por seus talentos e seguindo seus deveres, não haveria nada de falso em seu gosto e em sua conduta; eles se mostrariam como são; julgariam as coisas com suas luzes e a elas se apegariam pela razão; haveria proporção entre sua visão e seus sentimentos; seu gosto seria verdadeiro, viria deles e não dos outros, e eles o seguiriam por escolha e não por costume ou por acaso.

Se somos falsos ao aprovar o que não deve ser aprovado, não o somos menos, na maioria das vezes, pela vontade de nos fazermos valer por qualidades que são boas em si, mas que não nos convêm: um magistrado é falso quando se vangloria de ser corajoso, embora possa ser destemido em certas situações; deve parecer firme e seguro numa sedição que deve apaziguar, sem temer ser falso, mas seria falso e ridículo se se batesse em duelo. Uma mulher pode apreciar as ciências, mas nem todas as ciências lhe convêm sempre, e a mania de certas ciências nunca lhe convém e é sempre falsa.

É necessário que a razão e o bom senso avaliem as coisas e determinem nosso gosto para lhes conferir a posição que merecem e que convém lhes conferir; mas quase todos se enganam nessa avaliação e nessa posição, e há sempre falsidade nesse erro de cálculo.

Os maiores reis são sempre aqueles que mais se enganam: querem ultrapassar os outros homens em valor, em saber, em galanteria e em mil outras qualidades em que todos têm o direito de pretender; mas esse gosto de ultrapassar os outros em tudo isso pode ser falso, se for longe demais. Sua emulação deve ter outro objeto: devem imitar Alexandre, que não quis disputar o prêmio de um torneio senão contra reis, e lembrar que só devem disputar qualidades próprias à realeza. Por mais valente que possa ser um rei, por mais sábio e agradável que possa ser, vai encontrar um número infinito de pessoas que terão essas mesmas qualidades, têm avantajadas quanto ele, e o desejo de sobrepujá-las sempre vai parecer falso, e nem sempre vai poder consegui-lo; mas, se ele se apegar a seus verdadeiros deveres, se for magnânimo, se for grande capitão e grande político, se for justo, clemente e liberal, se consolar os súditos, se amar a glória e a tranquilidade de seu Estado, só vai encontrar reis para vencer em tão nobre carreira; não haverá nada senão verdadeiro e grande em tão justo desígnio, o desejo de sobrepujar os outros não vai ter nada de falso. Essa emulação é digna de um rei e é a verdadeira glória a que deve aspirar.

14

DOS MODELOS DA NATUREZA E DA SORTE

Parece que a sorte, mutante e caprichosa como é, renuncia a suas mudanças e a seus caprichos para agir em acordo com a Natureza, concorrendo ambas, de tempos em tempos, a fazer homens extraordinários e singulares, para servir de modelos à posteridade. O cuidado da natureza é fornecer as qualidades; aquele da sorte é colocá-las em ação, fazê-las ver à luz do dia e na proporção que convém a seus desígnios; dir-se-ia então que elas imitam as regras dos grandes pintores para nos dar quadros perfeitos daquilo que querem representar. Elas escolhem um tema e se atêm ao plano que se propuseram; dispõem do nascimento, da educação, das qualidades naturais e adquiridas, dos tempos, das conjunturas, dos amigos, dos inimigos; fazem sobressair virtudes e vícios, ações felizes e infelizes; juntam mesmo pequenas circunstâncias às grandes e sabem dispô-las com tal arte que as ações dos homens e seus motivos nos aparecem sempre sob a figura e com as cores que apraz à natureza e à sorte lhes conferir.

Que concurso de brilhantes qualidades não juntaram na pessoa de Alexandre[19] para mostrá-lo ao mundo como um modelo de elevação de alma e de grandeza de coragem! Se examinarmos seu ilustre nascimento, sua educação, sua juventude, sua beleza, sua compleição feliz, a extensão e a capacidade de seu espírito para a guerra e para as ciências, suas virtudes, mesmo seus defeitos, o reduzido número de suas tropas, o formidável poderio de seus inimigos, a curta duração de uma vida tão bela, sua morte e seus sucessores, não se há de ver a indústria e a aplicação da sorte e da natureza, encerrando num mesmo sujeito esse

(19) N.T.: Alexandre, o Grande (356-323 a.C.), rei da Macedônia, grande conquistador, tomou toda a Ásia Menor, anexou o Egito, onde fundou a cidade de Alexandria, conquistou a Pérsia e se dirigia para a Índia, quando morreu.

número infinito de circunstâncias diversas? Não se há de ver o cuidado particular que tiveram para arranjar tantos acontecimentos extraordinários e mostrá-los cada um sob sua luz, para compor um modelo de um jovem conquistador, ainda maior por suas qualidades pessoais que pela extensão de suas conquistas?

Se considerarmos de que modo a natureza e a sorte nos mostram César[(20)], não se há de ver que seguiram outro plano, que não encerraram na pessoa dele tanto valor, clemência, liberalidade, tantas qualidades militares, tanta penetração, tanta facilidade de espírito e de costumes, tanta eloquência, tantas graças do corpo, tanta superioridade de gênio para a paz e para a guerra; não se há de ver, repito, que a natureza e a sorte não se sujeitaram tão longo tempo para arranjar e pôr em ação tantos talentos extraordinários e não obrigaram César a empregá-los contra sua pátria senão para nos deixar um modelo do maior homem do mundo e do mais célebre usurpador? A natureza o faz nascer como cidadão privado numa república senhora do universo, fortalecida e sustentada pelos maiores homens que jamais havia produzido; a sorte escolhe dentre eles o que havia de mais ilustre, mais poderoso, mais temível para torná-los seus inimigos; ela o reconcilia por um tempo com os mais consideráveis para que servissem para sua elevação; ela os deslumbra e os cega em seguida, para dar a César uma guerra que o leva ao soberano poder. Quantos obstáculos a sorte não o fez vencer! De quantos perigos em terra e mar não o protegeu, sem que nunca se tivesse ferido! Com que perseverança a sorte não susteve os objetivos de César e destruiu os de Pompeu! Com que indústria não dispôs esse povo romano, tão poderoso, tão altivo e tão cioso de sua liberdade, a submetê-la ao poder de um só homem! Não se serviu até mesmo das circunstâncias da morte de César para torná-la conveniente à sua vida? Tantos avisos dos adivinhos, tantos prodígios, tantas advertências de sua mulher e de seus amigos não podem preservá-los, e a sorte escolhe o próprio dia em que deve ser coroado no Senado para fazê-lo assassi-

(20) N.T.: Caius Julius Caesar (101-44 a.C.), general e estadista romano; depois de grandes conquistas, especialmente da Gália, assumiu o poder em Roma, tornando-se ditador e imperador.

nar por aqueles mesmos que ele salvou e por um homem que lhe deve o nascimento.

Esse acordo da natureza e da sorte jamais foi tão marcante como na pessoa de Catão[21] e parece que ambas se esforçaram para encerrar num só homem não apenas as virtudes da antiga Roma, mas também para opô-lo diretamente às virtudes de César, mostrando que, com semelhante extensão de espírito e de coragem, o desejo de glória leva um a ser usurpador e o outro a servir de modelo de perfeito cidadão. Minha intenção não é traçar aqui um paralelo entre esses dois grandes homens, depois de tudo o que deles se escreveu; direi somente que, por grandes e ilustres que pareçam, a natureza e a sorte não teriam podido fazer brilhar todas as suas qualidades se não tivessem oposto Catão a César. Era necessário fazê-los nascer na mesma época, numa mesma república, diferentes em seus costumes e em seus talentos, inimigos nos interesses da pátria e nos interesses domésticos, um deles vasto em seus desígnios e sem limites em sua ambição, o outro austero, restrito às leis de Roma e idólatra da liberdade, ambos célebres por virtudes que os mostravam por lados tão diferentes, e mais célebres ainda, se assim se pode dizer, pela oposição que a sorte e a natureza tiveram cuidado de pôr entre eles. Que arranjo, que sequência, que economia de circunstâncias na vida de Catão, e em sua morte! O próprio destino da república serviu ao quadro que a sorte nos quis dar desse grande homem, e ela pôs fim à vida dele com a liberdade de seu país.

Se deixarmos os exemplos dos séculos passados para tomar os exemplos do presente século, veremos que a natureza e a sorte conservaram essa mesma união de que falei para nos mostrar diferentes modelos em dois homens consumados na arte de comandar. Veremos o senhor Príncipe e Turenne[22] disputar a glória das armas e merecer, por um número infinito de ações brilhantes, a reputação que conquistaram. Poderão parecer de valor e experiência iguais; infatigáveis de corpo e de espírito, poderão ser vistos agindo juntos, agindo separadamente e às vezes em oposição um ao outro; poderemos vê-los felizes e infelizes em

(21) N.T.: Marcus Porcius Cato, o Censor (234-149 a.C.), estadista romano, lutou contra o luxo, a corrupção, pregando uma moral austera; é dela a célebre frase "*delenda est Carthago*" (Cartago deve ser destruída), temendo uma insurreição dessa cidade africana.

(22) N.T.: Louis de Bourbon e Condé, dito, príncipe de Condé (1621-1686), e Henri de La Tour d'Auvergne, visconde de Turenne (1611-1675), foram grandes generais de exército sob o reinado de Luís XIV; em guerras internas da França foram adversários.

diversas ocasiões da guerra, devendo os bons êxitos à sua conduta e à sua coragem e mostrando-se cada vez maiores em suas desgraças; ambos salvam o Estado; os dois contribuem para destruí-lo e se servem dos mesmos talentos por vias diferentes: Turenne seguindo seus propósitos com mais regra e menos vivacidade, com valor mais contido e sempre proporcional à necessidade de fazê-lo transparecer; o senhor Príncipe, inimitável na maneira de ver e executar as grandes coisas, impelido pela superioridade de seu gênio que parece lhe submeter os acontecimentos e pô-los a serviço de sua glória. A fragilidade dos exércitos que comandaram nas últimas campanhas e o poder dos inimigos que lhes faziam oposição deram a um e a outro novas razões para mostrar toda a virtude deles e para compensar por mérito deles tudo o que lhes faltava para sustentar a guerra. A própria morte de Turenne[23], tão conveniente a uma vida tão bela, acompanhada de tantas circunstâncias singulares e ocorrida num momento tão importante, não nos parece efeito do temor e da incerteza da sorte, que não ousou decidir sobre o destino da França e do Império? Essa mesma sorte que retira o senhor Príncipe do comando dos exércitos, sob o pretexto de sua saúde e num período em que devia concluir tão grandes coisas, não se alia à natureza para nos mostrar agora esse grande homem em sua vida privada, exercendo virtudes amenas, amparado na própria glória? Será que brilha menos em seu retiro que no meio de suas vitórias?

(23) N.T.: Turenne morreu no campo de batalha de Salzbach, no dia 27 de julho de 1675.

15

DAS MULHERES SEMOSTRADEIRAS E DOS VELHOS

Se é difícil dar razão aos gostos em geral, mais difícil ainda deve ser dar razão ao gosto das mulheres semostradeiras. Pode-se dizer, contudo, que a vontade de agradar se difunde geralmente sobre tudo o que pode lisonjear sua vaidade e que nada lhes parece indigno em suas conquistas. Mas o mais incompreensível de todos os gostos é, a meu ver, aquele que elas têm pelos velhos que um dia foram galãs. Esse gosto parece realmente bizarro, e há tantos exemplos dele, para não procurar a causa de um sentimento ao mesmo tempo tão comum e tão contrário à opinião que temos das mulheres. Deixo os filósofos decidirem se é obséquio caridoso da natureza, que quer consolar os velhos em sua miséria e que lhes fornece o apoio das semostradeiras com a mesma providência que dá asas às lagartas, no declínio de sua vida, tornando-as borboletas; sem penetrar nos segredos das ciências da natureza, parece-me que se pode procurar causas mais sensíveis desse gosto depravado das semostradeiras pelos velhos. O que é mais aparente é que elas gostam dos prodígios, não havendo outro que mais possa tocar sua vaidade do que ressuscitar um morto. Sentem prazer em atrelá-lo à sua carruagem e ostentar com isso seu triunfo, sem ferir sua reputação; ao contrário, um velho é ornamento no séquito da semostradeira, é tão necessário em seu aparato como os anões o eram outrora em *Amadis*(24). Elas não têm escravos tão cômodos e tão úteis. Parecem boas e sólidas conservando um amigo sem consequências. Ele difunde elogios delas, tem o crédito dos maridos e responde perante eles pela

(24) *Amadis de Gaula*, romance de cavalaria espanhol, publicado por Ordóñez de Montalvo em 1508, a partir de um original português de Vasco de Lobeira (séc. XIII), e traduzido para o francês por Nicolas d'Herberay des Essarts em 1540. O herói, Amadis, cognominado "o amante taciturno", é tido por protótipo do cavaleiro andante e fiel à sua amada (verbete da Grande Enciclopédia Larousse Cultural, 1988 - p. 231).

conduta de suas esposas. Se tem crédito, de muito auxílio pode ser para elas; ele participa de todos os interesses e de todas as necessidades da casa. Se souber dos boatos que correm sobre verdadeiros galanteios, não se preocupa em acreditar neles; abafa-os e garante que o mundo é maledicente; julga, por sua experiência, as dificuldades que há em tocar o coração de uma mulher tão boa; quanto mais o fazem comprar graças e favores, mais é discreto e fiel; o próprio interesse o constrange ao silêncio; teme sempre ser deixado e se dá por feliz de ser aturado. Ele se convence facilmente de que é amado, pois foi escolhido apesar das aparências; acredita que é um privilégio de seu velho mérito e agradece ao amor por se lembrar dele em todas as épocas.

Ela, de seu lado, não gostaria de faltar ao que lhe prometeu; ela o faz notar que sempre a tocou em sua inclinação e que nunca teria amado se nunca o tivesse conhecido; roga-lhe especialmente de não ser ciumento e de confiar nela; confessa-lhe que ama um pouco o mundo e as relações com homens honestos, que até lhe interessa entreter vários ao mesmo tempo para não deixar transparecer que o trata de maneira diferente dos outros; que se faz algumas brincadeiras a respeito dele com aqueles com quem está falando é somente para ter o prazer de citá-lo seguidamente ou para melhor esconder seus sentimentos; que ele é, em suma, o dono de sua conduta e que, contanto que isso o deixe contente e que a ame sempre, abandona todo o resto sem maiores problemas. Que velho não haveria de se tranquilizar com razões tão convincentes, razões que muitas vezes o enganaram quando era jovem e amável? Mas, para sua desgraça, esquece facilmente demais que não é mais nem uma nem outra coisa, e essa fraqueza é, dentre todas, a mais comum nos velhos que foram um dia amados. Não sei se esse engano não lhes vale mais do que conhecer a verdade: pelo menos são tolerados e se distraem, desviam o olhar de suas misérias e o ridículo em que caem é muitas vezes um mal menor para eles que os aborrecimentos e a aniquilação de uma vida sofrida e inerte.

16

DA DIFERENÇA DOS ESPÍRITOS

Embora todas as qualidades do espírito possam ser encontradas num grande espírito, há algumas, porém, que lhe são próprias e particulares: suas luzes não têm limites, age sempre da mesma forma e com a mesma atividade, distingue os objetos distantes como se estivessem presentes, compreende, imagina as maiores coisas, enxerga e conhece as menores; seus pensamentos são relevantes, extensos, justos e inteligíveis; nada escapa à sua penetração e essa o leva sempre a descobrir a verdade através das obscuridades que a ocultam aos outros. Mas todas essas grandes qualidades nem sempre podem impedir que o espírito pareça pequeno e fraco quando o humor dele se apodera.

Um belo espírito pensa sempre nobremente; produz com facilidade coisas claras, agradáveis e naturais; ele as mostra pelo lado mais iluminado e as enfeita com todos os ornamentos que lhes convêm; penetra no gosto dos outros e tira de seus pensamentos o que é inútil ou o que pode desagradar. Um espírito reto, fácil, insinuante sabe evitar e transpor as dificuldades; dobra-se com facilidade ao que quer; sabe conhecer e seguir o espírito e o humor daqueles com quem trata; e, ao administrar os interesses desses, avança e estabelece os seus. Um bom espírito vê todas as coisas como devem ser vistas; dá-lhes o preço que merecem, sabe voltá-las do lado que mais lhe é vantajoso e se atém com firmeza a seus pensamentos, porque lhes conhece toda a força e toda a razão.

Há diferença entre um espírito útil e um espírito propenso a negócios: pode-se entender de negócios sem se aplicar a seus interesses; há pessoas hábeis em tudo o que não lhes diz respeito e muito inábeis no que lhes diz respeito; há outras, pelo contrário, que têm uma habilidade limitada ao que lhes toca e que sabem tirar proveito em tudo.

Pode-se ter ao mesmo tempo um ar sério no espírito e dizer muitas vezes coisas agradáveis e alegres; essa espécie de espírito convém a todas as pessoas e a todas as idades da vida. Os jovens têm usualmente o espírito alegre e zombeteiro, sem o terem sério, e é isso que os torna muitas vezes importunos. Nada é mais difícil de manter que o propósito de ser sempre agradável e os aplausos que recebemos às vezes, divertindo os outros, não compensam ao expor-nos à vergonha de aborrecê-los com frequência, quando estiverem de mau humor. A brincadeira é uma das mais agradáveis e das mais perigosas qualidades do espírito: agrada sempre quando é delicada; mas sempre tememos também aqueles que dela se servem com frequência. A brincadeira pode, contudo, ser permitida quando não estiver envolvida em nenhuma maldade e quando nela se incluem as próprias pessoas de quem se fala.

É difícil ter um espírito brincalhão sem procurar ser agradável ou sem gostar de brincar; é preciso grande justeza para brincar por muito tempo sem cair numa ou noutra dessas extremidades. A brincadeira é um ar de alegria que preenche a imaginação e lhe faz ver ridículos os objetos que se apresentam; o humor mistura a ela mais ou menos suavidade ou aspereza; há uma maneira de brincar, delicada e lisonjeira, que toca apenas os defeitos que as pessoas de que se fala aceitam confessar, que sabe disfarçar os elogios que assim são feitos sob aparência de recriminação e que desvela o que elas têm de amável, fingindo querer escondê-lo.

Um espírito fino e um espírito finório são coisas muito diferentes. O primeiro agrada sempre; é sutil, pensa coisas delicadas e capta as mais imperceptíveis. Um espírito finório nunca vê retamente, procura encruzilhadas e desvios para alcançar seus objetivos; essa conduta é logo descoberta, é sempre temida e quase nunca leva a coisas grandes.

Há alguma diferença entre um espírito fogoso e um espírito brilhante. Um espírito fogoso vai mais longe e com maior rapidez; um espírito brilhante tem vivacidade, agrado e correção.

A doçura do espírito é um ar fácil e acomodatício que agrada sempre, quando não é insípido.

Um espírito detalhista se aplica com ordem e regra a todas as particularidades dos assuntos que são apresentados a ele. Essa aplicação o encerra geralmente em pequenas coisas; nem sempre é, contudo, incompatível com a grande visão, e quando essas duas qualidades estão presentes no mesmo espírito, o elevam infinitamente acima dos outros.

Tem-se abusado da expressão *belo espírito* e, embora tudo o que se acaba de dizer das diferentes qualidades do espírito possa convir a um belo espírito, entretanto, como esse título foi dado a um número infinito de maus poetas e autores aborrecidos, dele nos servimos mais frequentemente para ridicularizar as pessoas do que para elogiá-las.

Ainda que haja para o espírito vários epítetos que parecem a mesma coisa, o tom e a maneira de pronunciá-los introduzem certa diferença; mas como os tons e as maneiras não podem ser escritos, não vou entrar num pormenor que seria impossível explicar muito bem. O uso comum mostra bastante bem que, ao dizer que um homem tem espírito, que tem bastante espírito, que tem muito espírito, que tem bom espírito, somente os tons e as maneiras podem estabelecer diferenças entre essas expressões que parecem semelhantes no papel, mas que exprimem espécies de espírito muito diferentes.

Diz-se ainda que um homem só tem uma espécie de espírito, que tem várias espécies de espírito, que tem toda espécie de espírito. Pode-se ser tolo com muito espírito e não ser tolo com pouco espírito.

Ter muito espírito é uma expressão equivocada: pode compreender todas as espécies de espírito de que acabamos de falar, mas pode também não assinalar nenhuma distintamente. Podemos às vezes dar mostras de espírito naquilo que dizemos sem tê-lo na própria conduta; podemos ter espírito e tê-lo limitado; um espírito pode ser próprio para certas coisas e não para outras; podemos ter muito espírito e não sermos próprios para nada, e com muito espírito somos muitas vezes bastante incômodos. Parece, no entanto, que o maior mérito dessa espécie de espírito é agradar às vezes na conversa.

Embora as produções de espírito sejam infinitas, parece-me que podemos distingui-las desta maneira: há coisas tão belas que todos são capazes de ver e de sentir-lhes a beleza, há coisas que têm beleza e que aborrecem, há outras que são belas, que todos sentem e admiram, embora ninguém saiba a razão disso; há ainda outras que são tão finas e tão delicadas que poucos são capazes de perceber todas as suas belezas; há outras, finalmente, que não são perfeitas, mas que são ditas com tanta arte e que são defendidas e conduzidas com tanta razão e tanta graça, que merecem ser admiradas.

17

DA INCONSTÂNCIA

Não pretendo justificar aqui a inconstância em geral e menos ainda aquela que provém da simples leviandade; mas tampouco é justo imputar-lhe todas as outras mudanças do amor. Há uma primeira floração de encanto e vivacidade no amor que passa imperceptivelmente, como aquela dos frutos; não é culpa de ninguém, é somente culpa do tempo. No começo, a fisionomia é amável, os sentimentos têm relação, procuramos doçura e prazer, queremos agradar porque nos agradam e procuramos mostrar que sabemos conferir um valor infinito ao que amamos; em seguida, porém, não sentimos mais o que julgávamos sentir sempre; o fogo não existe mais, o mérito da novidade se apaga, a beleza, que tanta parte tem no amor, diminui ou não causa mais a mesma impressão; o vocábulo amor se conserva, mas não somos mais os mesmos, nem temos os mesmos sentimentos; mantemos ainda nossos compromissos por honra, por costume e para não nos darmos conta da própria mudança.

Que pessoas teriam começado a se amar se elas se tivessem visto antes como se veem na sequência dos anos? Mas que pessoas também teriam podido se separar se voltassem a ver-se como se viram pela primeira vez? O orgulho, que é quase sempre senhor de nossos gostos e que nunca se sacia, ficaria lisonjeado sem cessar com algum novo prazer; a constância perderia seu mérito; não teria mais parte numa ligação tão agradável, os favores atuais teriam a mesma graça dos primeiros favores e a lembrança não faria diferença entre eles; a própria inconstância seria ignorada e nos amaríamos sempre com o mesmo prazer, porque teríamos sempre os mesmos motivos de amar. As mudanças que ocorrem na amizade têm aproximadamente causas semelhantes àquelas que ocorrem no amor: suas regras têm muita relação. Se um tem mais jovialidade e prazer, a outra deve ser mais igual e mais severa, nada perdoar; mas o tempo, que muda o humor e os interesses, destrói quase igualmente os dois. Os homens são muito fracos e muito volúveis para sustentar por muito tempo o peso da amizade. A antiguidade forneceu exemplos a respeito, mas nos tempos em que vivemos podemos dizer que é ainda mais impossível encontrar um verdadeiro amor que uma verdadeira amizade.

18

DO RETIRO

Eu me empenharia em discurso demasiado longo se relatasse aqui em particular todas as razões naturais que levam as pessoas de idade a se retirar da convivência do mundo: a mudança de seu humor, de sua aparência e o enfraquecimento de seus órgãos os levam imperceptivelmente, como a maioria dos outros animais, a afastar-se da frequência de seus semelhantes. O orgulho, que é inseparável do amor-próprio, lhes serve então de razão: não podem mais vangloriar-se de muitas coisas de que os outros se vangloriam; a experiência levou esses anciãos a saber o preço daquilo que todos os homens desejam na juventude e a impossibilidade de desfrutá-lo por mais tempo; as diversas vias que parecem abertas aos jovens para chegar às grandezas, aos prazeres, à reputação e a tudo o que eleva os homens se encontram fechadas para eles, seja pela sorte, seja por sua conduta, seja ainda pela inveja e pela injustiça dos outros; o caminho para voltar é demasiado longo e penoso quando alguém já se desviou dele; as dificuldades lhes parecem intransponíveis, e a idade não lhes permite mais pretender semelhantes coisas.

Tornam-se insensíveis à amizade, não somente porque talvez nunca tenham encontrado uma verdadeira, mas porque viram morrer muitos amigos deles que nem sequer haviam tido tempo ou oportunidade de faltar com a amizade, o que facilmente os persuade de que teriam sido mais fiéis que aqueles que lhes restam. Não têm mais parte nos primeiros bens que lhes preencheram de início a imaginação; já não têm praticamente parte na glória: aquela que conquistaram já feneceu com o tempo e muitas vezes os homens que envelhecem mais perdem do que ganham. Cada dia lhes arranca uma parte deles mesmos; não têm mais vida suficiente para desfrutar do que têm e, muito menos ainda, para chegar ao que desejam; não veem mais diante deles senão mágoas, doenças e abatimento; tudo é visto e nada pode ter para eles a graça da novidade; o tempo os afasta imperceptivelmente do ponto de vista de que convinha ver os objetos e de onde convinha que fossem vistos. Os mais felizes são ainda tolerados, os outros são desprezados; o único bom partido que lhes resta é esconder do mundo o que talvez lhe tenham mostrado demais. Seu gosto, desenganado dos desejos inúteis, volta-se então para objetos mudos e insensíveis; as edificações, a agricultura, a economia, o estudo, todas essas coisas são submetidas às suas vontades; delas se aproximam ou se afastam como melhor lhes aprouver; são donos de seus desígnios e de suas ocupações; tudo o que desejam está em seu poder e, tendo-se libertado da dependência do mundo, tudo passa a depender deles. Os mais prudentes sabem empregar em proveito de sua salvação o tempo que lhes resta e, tendo ainda tão pequena parte desta vida, tornam-se dignos de uma melhor. Os outros têm ao menos a si mesmos por testemunhas da própria miséria; suas doenças os distraem; a mínima melhora lhes parece uma felicidade; a natureza, desfalecida e mais sábia que eles, lhes tira muitas vezes a dor de desejar; finalmente, esquecem o mundo, que é tão propenso a esquecê-los; a própria vaidade é consolada por seu retiro e, com muitos aborrecimentos, incertezas e fraquezas, ora por piedade, ora pela razão, na maioria das vezes por costume, carregam o peso de uma vida insípida e debilitante.

19

DOS ACONTECIMENTOS DESTE SÉCULO

A história, que nos ensina o que acontece no mundo, nos mostra igualmente os grandes acontecimentos e os medíocres; essa confusão de objetos nos impede muitas vezes de discernir com suficiente atenção as coisas extraordinárias que se encerram no curso de cada século. Aquele em que vivemos as produziu, a meu ver, mais singulares que os procedentes. Quis escrever algumas delas para torná-las mais notáveis para as pessoas que quiserem refletir sobre elas.

Maria de Médicis, rainha da França, esposa de Henrique, o Grande, foi mãe do rei Luís XIII(25), de Gastão, filho da França, da rainha da Espanha, da duquesa de Saboia e da rainha da Inglaterra; foi regente na França e governou seu filho rei e o reino por muitos anos. Elevou Armand de Richelieu(26) à dignidade de cardeal, tornou-o primeiro ministro, senhor do Estado e do espírito do rei. Tinha poucas virtudes e poucos defeitos que a tornassem temível e, no entanto, com tanto brilho e tantas grandezas, essa princesa, viúva de Henrique IV e mãe de tantos reis, foi feita prisioneira pelo rei, filho dela, e pelo ódio do cardeal Richelieu, que lhe devia sua sorte. Foi desprezada pelos outros reis, seus filhos, que não ousaram recebê-la em seus Estados, morreu na miséria e praticamente de fome, em Colônia, depois de uma perseguição de dez anos.

(25) N.T.: Luís XIII (1601-1643), rei da França desde 1610 até sua morte; nos primeiros anos de reinado, quem governou o país foi sua mãe, Maria de Médicis, na qualidade de regente.

(26) N.T.: Armand Jean du Plessis, cardeal de Richelieu (1585-1642), estadista francês, foi ministro plenipotenciário de Luís XIII desde 1624 até sua morte.

Ange de Joyeuse[27], duque e par, marechal da França e almirante, jovem, rico, galã e feliz, abandonou todos esses privilégios para se ornar frade capuchinho. Depois de alguns anos, as necessidades do Estado o chamaram de volta ao mundo; o Papa o dispensou de seus votos e lhe ordenou que aceitasse o comando dos exércitos do rei contra os huguenotes[28]; ficou quatro anos nesse ofício e, durante esse tempo, se deixou levar pelas mesmas paixões que o haviam agitado na juventude. Terminada a guerra, renunciou pela segunda vez ao mundo e retomou o hábito de capuchinho. Viveu por muito tempo uma vida santa e religiosa; mas a vaidade, sobre a qual havia vencido no meio das grandezas, venceu-o no claustro; foi eleito guardião do convento de Paris e, contestada sua eleição por alguns religiosos, se expôs não somente a ir a Roma em idade avançada, a pé, e apesar dos outros desconfortos de tão penosa viagem, mas, renovando-se a mesma oposição dos religiosos em seu retorno, partiu uma segunda vez para retornar a Roma, a fim de defender um interesse tão pouco digno dele; morreu no meio do caminho de cansaço, de mágoa e de velhice.

Três homens de qualidade, portugueses, seguidos de dezessete de seus amigos, empreenderam a revolta de Portugal e das Índias portuguesas, sem conclamar os povos locais nem os estrangeiros e sem apoio nas praças de armas. Esse pequeno número de conjurados[29] apoderou-se do palácio de Lisboa, expulsou dele a viúva de Mântua, regente para o rei da Espanha, e conseguiu sublevar todo o reino; pereceu nessa desordem somente Vasconcelos, ministro da Espanha, e dois de seus fiéis servidores. Mudança tão radical foi feita em favor do duque de Bragança, mas sem sua participação: foi declarado rei contra sua vontade, e ele se viu como o único homem de Portugal a resistir à

(27) N.T.: Henri de Joyeuse, depois da morte da esposa, em 1587, entrou para o convento dos frades capuchinhos, tomando o nome de frei Ange. Em 1592 deixa o convento para comandar exércitos em combate. Em 1599, casa sua filha, retorna ao convento capuchinho e morre em 1608, aos 42 anos, durante uma viagem a Roma que ele quis fazer de pés descalços.

(28) N.T.: Adaptação do termo alemão *Eidgenossen* (confederados), designativo com que eram chamados os calvinistas franceses nas guerras de religião que assolaram a França nos séculos XVI e XVII.

(29) N.T.: Alusão à conjuração de 1640 comandada por Pinto Ribeiro contra a dominação espanhola e que, vitoriosa, devolveu a independência a Portugal depois de sessenta anos de anexação à coroa espanhola. Os conjurados colocaram no trono o duque de Bragança que tomou o nome de João IV; o complô foi organizado sob a orientação de Luísa de Gusmão, mulher do duque.

sua eleição; deteve em seguida a coroa durante catorze anos, sem ter elevação nem mérito; morreu em seu leito e deixou um reino tranquilo a seus filhos.

O cardeal Richelieu foi senhor absoluto do reino da França durante o reinado de um rei que lhe deixava o governo de seu Estado, embora não ousasse lhe confiar sua pessoa; o cardeal tinha também a mesma desconfiança do rei e evitava ir à residência dele em palácio, temendo expor sua vida ou sua liberdade; o rei, contudo, sacrifica Cinq-Mars[30], seu favorito, à vingança do cardeal e permite que morra no cadafalso. Em seguida, o cardeal morre em seu leito; em seu testamento dispõe sobre cargos e dignidades do Estado e obriga o rei, no auge de suas suspeitas e de seu ódio, a seguir tão cegamente suas vontades após sua morte quanto o fizera em vida.

Sem dúvida deve parecer extraordinário que Anne-Marie-Louise de Orléans, neta da França[31], a mais rica súdita da Europa, prometida aos maiores reis, avara, rude e orgulhosa, tenha podido ter o propósito, aos 45 anos, de desposar Puyguilhem, segundo filho da casa de Lauzun, de aparência física pouco atraente, de espírito medíocre e que, como única boa qualidade, é audacioso e insinuante. Mais surpreso se deve ficar ainda que a princesa tenha tomado essa quimérica resolução por espírito de servidão e porque Puyguilhem era benquisto pelo rei; a vontade de ser esposa de um favorito do rei fez as vezes da paixão, ela esqueceu sua idade e seu nascimento e, sem amor, aproximou-se de Puyguilhem, por quem o verdadeiro amor de uma mais jovem e de condição inferior dificilmente se escusaria. Ela lhe disse um dia que só havia um homem que pudesse escolher para desposar. Ele a pressionou para lhe revelar sua escolha; mas, não tendo a força de pronunciar o nome dele, quis escrevê-lo com um diamante nos vidros de uma janela. Puyguilhem entendeu sem dúvida o que ela ia fazer e, esperando talvez que ela daria essa declaração por escrito, de que saberia tirar proveito, fingiu delicadeza de paixão que pudesse agradar a princesa e fingiu ter escrúpulos ao ver escrever sobre o vidro um sentimento que devia

(30) N.T.: Henri Coeffier de Ruzé d'Effiat, marquês de Cinq-Mars (1620-1642), favorito do rei Luís XIII que o nomeou grande escudeiro da França; tramou um complô contra Richelieu que, ao descobri-lo, mandou prendê-lo e decapitá-lo.

(31) N.T.: Anne Marie Louise d'Orléans, duquesa de Montpensier (1627-1693), dita a *Grande Mademoiselle, a neta da França*, pois era neta do rei Henrique IV; casou-se com o duque de Lauzun em 1681, mas logo se separou dele.

durar eternamente. Teve sucesso em seu intento como desejava, e a princesa escreveu à noite numa folha de papel: "É você". Ela mesma o lacrou; mas como essa aventura se passava numa quinta-feira e que a meia-noite soou antes que a princesa pudesse entregar o bilhete a Puyguilhem, não quis parecer menos escrupulosa que ele e, temendo que a sexta-feira fosse um dia funesto, ela o fez prometer que esperaria até o sábado para abrir o bilhete que devia lhe revelar a grande nova. A excessiva sorte que essa declaração permitia a Puyguilhem entrever não lhe pareceu estar acima de sua ambição. Pensou em aproveitar do capricho da princesa e teve a ousadia de relatá-lo ao rei. Ninguém ignora que, com tão grandes e brilhantes qualidades, nenhum príncipe no mundo teve jamais tanta elevação nem tanto orgulho. Entretanto, em vez de aniquilar Puyguilhem por ter ousado pôr a descoberto suas esperanças, ele não somente lhe permitiu conservá-las, mas consentiu que quatro oficiais da coroa viessem lhe pedir sua aprovação para um casamento tão surpreendente, sem que o irmão do rei e o senhor Príncipe fossem informados. Essa notícia se espalhou pelo mundo e o encheu de espanto e indignação. O rei não sentiu, então, o que acabava de fazer contra sua glória e sua dignidade. Entendeu somente que cabia à sua grandeza erguer num dia Puyguilhem acima dos maiores do reino e, apesar de tamanha desproporção, julgou-o digno de ser seu primo-irmão, primeiro par da França e dono de 5 mil libras de renda; mas o que mais o lisonjeava em tão extraordinário propósito foi o prazer secreto de surpreender o mundo e de fazer por um homem que amava o que ninguém jamais tinha imaginado. Foi dado a Puyguilhem desfrutar durante três dias dos prodígios que a sorte havia prodigalizado em seu favor e desposar a princesa; mas, por um prodígio ainda maior, sua vaidade só poderia ser contentada se a desposasse com as mesmas cerimônias que se desdobrariam se ele fosse da qualidade dela: ele quis que o rei e a rainha fossem testemunhas das bodas e que essas tivessem todo o brilho que sua presença lhes pudesse conferir. Essa presunção sem similar o levou a ocupar-se de vãos preparativos e de fazer assinar o contrato por todo o tempo que pudesse assegurar sua felicidade. A senhora de Montespan(32), que o odiava, tinha seguido, contudo, a inclinação do rei e não se havia oposto a esse casamento. Mas

(32) N.T.: Françoise de Rochechouart de Mortemart, marquesa de Montespan (1640-1707), esposa do marquês de Montespan, dama de honra da rainha, tornou-se amante de Luís XIV em 1667, de quem teve oito filhos.

os rumores do mundo a despertaram; fez ver ao rei o que somente ele não conseguia ver; induziu-o a dar ouvidos à voz pública; ele conheceu então o estupor dos embaixadores, recebeu as queixas e as respeitosas advertências de nobre viúva da corte[33] e de toda a casa real. Tantas razões fizeram o rei oscilar por longo tempo, e foi com extremo pesar que declarou a Puyguilhem que não podia consentir abertamente com seu casamento. Assegurou lhe, contudo, que essa aparente mudança nada mudava de fato; que se via forçado, malgrado seu, a ceder à opinião geral e a proibi-lo de desposar a princesa, mas que não pretendia com essa proibição impedir sua felicidade. Pressionou-o para que se casasse em segredo e lhe prometeu que a desgraça que se seguiria a semelhante falta não duraria mais que oito dias. Qualquer que fosse o sentimento que esse discurso pudesse suscitar em Puyguilhem, esse disse ao rei que renunciava com alegria a tudo o que lhe havia permitido esperar, uma vez que isso podia ferir sua glória e que não havia sorte que o pudesse consolar de separar-se dele por oito dias. O rei se comoveu verdadeiramente com essa submissão; não esqueceu nada para facilitar a Puyguilhem tirar proveito das fraquezas da princesa, e Puyguilhem nada esqueceu também, por sua vez, ao fazer ver ao rei que tudo sacrificava por ele. Não foi unicamente o desinteresse, contudo, que levou Puyguilhem a assumir essa conduta: pensou que ela lhe garantiria para sempre o favor do rei e que nada no futuro o poderia diminuir. Seu capricho e sua vaidade o levaram tão longe que esse casamento tão grandioso e tão desproporcionado lhe pareceu insuportável, porque não lhe era mais permitido fazê-lo com todo o fausto e o brilho que se tinha proposto. Mas o que mais vigorosamente o determinou a rompê-lo foi a insuperável aversão que tinha pela pessoa da princesa e o desgosto de ser seu marido. Chegou até a pensar em tirar vantagens sólidas do arrebatamento da princesa e que, sem desposá-la, ela lhe daria o domínio de Dombes e o ducado de Montpensier. Foi nesse intuito que de início recusou todas as graças de que o rei quis cumulá-lo; mas o humor avaro e desigual da princesa e as dificuldades encontradas para assegurar a Puyguilhem tão grandes benefícios tornaram inútil esse desígnio e o obrigaram a receber os benefícios do rei. Esse lhe concedeu o governo de Berry e 500 mil libras. Vantagens tão consideráveis não

(33) N.T.: Trata-se de Marguerite de Lorraine, viúva de Gaston d'Orléans e madrasta da duquesa de Montpensier.

corresponderam, contudo, às esperanças que Puyguilhem havia nutrido. Seu descontentamento logo forneceu aos inimigos, e particularmente à senhora de Montespan, todos os pretextos que desejavam para arruiná-lo. Ele conheceu sua situação e sua decadência e, em vez de se portar junto do rei com doçura, paciência e habilidade, nada mais foi capaz de conter seu espírito áspero e orgulhoso. Dirigiu finalmente recriminações ao rei; chegou até a dizer-lhe coisas rudes e picantes, chegou a partir a espada em sua presença, dizendo que não a desembainharia mais a seu serviço; falou-lhe com desprezo da senhora de Montespan e se voltou contra ela com tamanha violência que ela temeu por sua segurança e passou a pensar somente em aniquilá-lo. Foi preso logo depois e levado a Pignerol[34], onde experimentou por longa e dura prisão a dor de ter perdido as boas graças do rei e de ter deixado escapar, por falsa vaidade, tantas grandezas e tantas vantagens que a condescendência de seu senhor e a baixeza da princesa lhe haviam apresentado.

Afonso[35], rei de Portugal, filho do duque de Bragança, de que acabei de falar, casou-se na França com a filha do duque de Nemours, jovem, sem bens e sem proteção. Pouco tempo depois, essa princesa quis abandonar o rei, seu marido; mandou prendê-lo em Lisboa, e as mesmas tropas que um dia antes o guardavam como rei, no dia seguinte o guardaram como prisioneiro; foi confinado numa ilha dos próprios Estados, mas lhe pouparam a vida e o título de rei. O príncipe de Portugal, seu irmão, desposou a rainha; ela conserva sua dignidade e revestiu o príncipe, seu marido, da autoridade plena do governo, sem conferir-lhe o nome de rei; ela desfruta tranquilamente o sucesso de uma empresa tão extraordinária, em paz com os espanhóis e sem guerra civil no reino.

---

(34) N.T.: Em italiano Pinerolo, cidade do Piemonte, região da Itália, na época sob dominação francesa, onde havia uma prisão do Estado.

(35) N.T.: Trata-se de Afonso VI (1643-1683); a história desse rei de Portugal parece um pouco diversa daquela que o autor deste livro relata; de qualquer forma, sabe-se que Afonso VI em certo momento da vida ficou louco.

Um vendedor de ervas, chamado Masaniello[36], sublevou o povo simples de Nápoles e, apesar do poderio dos espanhóis, usurpou a autoridade real; dispôs soberanamente da vida, da liberdade e dos bens de todos os que lhe eram suspeitos; tornou-se senhor dos portos; despojou os nobres de todo o seu dinheiro e dos móveis e mandou queimar publicamente todas essas imensas riquezas no meio da cidade, sem que um único dessa multidão confusa revoltosa quisesse se aproveitar de um bem que julgava ter sido mal adquirido. Esse prodígio durou apenas quinze dias e terminou com outro prodígio: esse mesmo Masaniello, que realizava tão grandes coisas com tamanha felicidade, glória e conduta, perdeu subitamente o espírito e morreu frenético em vinte e quatro horas.

A rainha da Suécia[37], em paz em seus Estados e com seus vizinhos, amada por seus súditos, respeitada pelos estrangeiros, jovem e sem devoção, deixou voluntariamente seu reino e se retirou para a vida privada. O rei da Polônia[38], da mesma casa que a rainha da Suécia, abdicou também da realeza, pelo simples enfado de ser rei.

Um lugar-tenente de infantaria, sem nome e sem crédito[39], começou, quando já tinha 45 anos de idade, a ficar conhecido nas desordens da Inglaterra. Destituiu seu rei legítimo, bom, justo, dócil, valoroso e liberal; mandou decapitá-lo por um decreto de seu parlamento; transformou a realeza em república, foi por dez anos senhor da Inglaterra, mais temido por seus vizinhos e mais absoluto em seu país que todos os reis que antes ali reinaram. Morreu em paz e em plena posse de todo o poderio do reino.

Os holandeses sacudiram o jugo da dominação da Espanha; formaram uma poderosa república e, para conservar sua liberdade, sus-

---

(36) N.T.: Tommaso Aniello, dito Masaniello (1620-1647), revolucionário napolitano, encabeçou uma rebelião contra o vice-rei espanhol Arcos; o reino de Nápoles e das Duas Sicílias estava sob o domínio da Espanha na época; Masaniello se apoderou da cidade de Nápoles, mas foi assassinado pouco depois por homens contratados pelo vice-rei e não morreu, portanto, como descreve La Rochefoucauld.

(37) N.T.: Cristina (1626-1689), rainha da Suécia de 1632 a 1654, muito culta, protegeu as artes e as letras, atraindo para sua corte numerosos eruditos de toda a Europa; em 1654, abdicou do trono em favor de seu primo Carlos Gustavo.

(38) N.T.: Trata-se de João II Casimiro ou Casimiro V (1609-1672), inicialmente padre jesuíta, depois cardeal da Igreja e finalmente rei, abdicou em 1668, depois da morte de sua esposa, e se tornou abade do mosteiro de Saint-Germain-des-Prés, na França.

(39) N.T.: Trata-se de Oliver Cromwell (1599-1658), que tomou o poder na Inglaterra e condenou à morte o rei Carlos I, em 1649.

tentaram por cem anos uma guerra contra seus reis legítimos. Devem grandes coisas à conduta e ao valor dos príncipes de Orange[40], cuja ambição, no entanto, sempre temeram e a cujo poder impuseram limites. Hoje, essa república, tão zelosa de seu poderio, concede ao príncipe de Orange, malgrado sua pouca experiência e seus insucessos na guerra, o que recusou a seus pais: não se contenta em reerguer sua fortuna decaída, ela o deixa em condições de ser soberano da Holanda e tolerou que ele tenha permitido a seu povo dilacerar um homem que sozinho mantinha a liberdade pública[41].

Essa potência da Espanha, tão vasta e tão formidável para todos os reis do mundo, tem hoje seu principal apoio em seus súditos rebeldes e se mantém pela proteção dos holandeses.

Um imperador[42], jovem, fraco, simples, governado por ministros incapazes, durante o período de maior rebaixamento da casa da Áustria, se vê de um momento para outro feito chefe de todos os príncipes da Alemanha, que temem sua autoridade e desprezam sua pessoa, e é ele mais absoluto do que Carlos V[43] nunca pensara em sê-lo.

O rei da Inglaterra[44], fraco, preguiçoso e mergulhado nos prazeres, esquecendo os interesses do reino e dos exemplos domésticos, se expôs com firmeza por seis anos à fúria de seus povos e ao ódio de seu parlamento para conservar uma estreita ligação com o rei da França; em lugar de deter as conquistas desse príncipe nos Países Baixos, chegou a contribuir com elas, fornecendo-lhe tropas. Essa ligação o impediu de ser senhor absoluto da Inglaterra e de estender suas fronteiras até Flandres e a Holanda por meio de praças e portos que sempre recusou; mas no mesmo momento em que recebe do rei somas consideráveis e em que mais necessita ser apoiado contra os próprios súditos, renuncia,

---

(40) N.T.: A referência aqui é mais especificamente dirigida a Guilherme III (1650-1702), príncipe de Orange, rei da Inglaterra nascido na Holanda, que moveu guerra à França por ter invadido os Países Baixos que anteriormente estavam sob o domínio da Espanha.

(41) N.T.: Refere-se a Johan de Witt (1625-1672), estadista holandês que, procurando frear as ambições da Inglaterra e da França sobre a Holanda, negociou um tratado de paz; em 1672, a França invadiu os Países Baixos, e Witt foi considerado culpado, sendo massacrado, com seu irmão, pela população de Haia.

(42) N.T.: Referência a Leopoldo I (1640-1705), imperador da Alemanha.

(43) N.T.: Carlos V (1661-1700), rei da Espanha desde 1665, sob a regência da mãe, Maria Ana da Áustria, até 1675; reinava sobre vasto império, no qual, como se dizia, o sol não se punha, pois, além da Espanha, Holanda, Áustria, sul da Itália, compreendia toda a América espanhola, possessões na África e as Filipinas.

(44) N.T.: Carlos II (1630-1685), rei da Inglaterra que celebrou o tratado de Douvres (1670) de aliança com Luís XIV, rei da França.

sem pretexto, a tantos compromissos e se declara contra a França, precisamente quando seria útil e honesto manter-se ligado a ela; por uma má política precipitada perde num momento a única vantagem que poderia extrair de uma má política de seis anos e, tendo podido conceder a paz como mediador, se vê reduzido a pedi-la como suplicante, quando o rei a concede à Espanha, à Alemanha e à Holanda.

As propostas feitas ao rei da Inglaterra para que casasse sua sobrinha, a princesa de York, com o príncipe de Orange, não o agradaram; o duque de York parecia tão alheio quanto o rei, seu irmão, e o próprio príncipe de Orange, desanimado com as dificuldades para conseguir esse objetivo, não pensava mais em levá-lo a termo. O rei da Inglaterra, estreitamente ligado ao rei da França, consentia com suas conquistas, mas os interesses do grande tesoureiro da Inglaterra e o receio de ser atacado pelo Parlamento levaram-no a procurar sua segurança particular, predispondo o rei, seu senhor, a se unir ao príncipe de Orange pelo casamento com a princesa de York e a fazê-lo declarar a Inglaterra contra a França para a proteção dos Países Baixos. Essa mudança do rei da Inglaterra foi tão súbita e tão secreta que o duque de York a ignorava até dois dias antes do casamento de sua filha e ninguém se convencia de que o rei da Inglaterra, que por dez anos havia arriscado a vida e a coroa para permanecer ligado à França, pudesse renunciar num momento a tudo o que almejava, para seguir a opinião de seu ministro. O príncipe de Orange, por seu lado, que tinha tanto interesse em traçar um caminho para um dia ser rei da Inglaterra, negligenciava esse casamento que o tornava herdeiro presumível do reino; limitava seus projetos em fortalecer sua autoridade na Holanda, malgrado os insucessos de suas últimas campanhas, e se aplicava em tornar-se tão absoluto nas outras províncias desse Estado quanto acreditava sê-lo na Zelândia; mas logo percebeu que devia tomar outras medidas, e uma aventura ridícula o fez conhecer melhor a situação em que se encontrava em seu país, que não via com suas luzes. Um pregoeiro público vendia móveis num leilão em que se reunia muita gente; pôs à venda um Atlas e, vendo que ninguém aumentava o lance, disse ao povo que esse livro era mais raro do que se pensava e que os mapas eram tão exatos que um rio, de que o príncipe de Orange não tivera conhecimento ao perder a batalha de Cassel[45], ali estava fielmente assinalado. Essa brincadeira, recebida com aplauso geral, foi um dos mais poderosos motivos que obrigaram o príncipe de Orange a procurar de novo aliança com a Inglaterra, para conter a Holanda e para juntar tantas potências contra nós. Parece, contudo, que aqueles que desejaram esse casamento e aqueles que foram contrários a ele desconheceram seus interesses: o grande tesoureiro da Inglaterra quis abrandar o Parlamento e precaver-se contra seu ataque, levando o rei, seu senhor, a dar em casamento sua sobrinha ao príncipe de Orange e a se declarar contra a França; o rei da Inglaterra pensou fortalecer sua autoridade no reino com o apoio do príncipe de Orange e pretendeu empenhar seus povos a lhe fornecer dinheiro para seus prazeres, sob pretexto de mover guerra ao rei da França e de constrangê-lo a aceitar a paz; o príncipe de Orange teve a intenção de submeter a Holanda graças à proteção da Inglaterra; a França receou que um casamento tão contrário a seus interesses pesasse na balança e unisse a Inglaterra a todos os nossos inimigos. O acontecimento fez ver, em seis semanas, a falsidade de tantos raciocínios: esse casamento cria uma desconfiança eterna entre a Inglaterra e a Holanda, e ambas o consideram como um propósito para oprimir sua liberdade; o Parlamento da Inglaterra ataca os ministros do rei para atacar em seguida sua pessoa; os Estados da Holanda, cansados da guerra e ciosos de sua liberdade, se arrependem de ter posto sua autoridade nas mãos de um jovem ambicioso e presumível herdeiro da coroa da Inglaterra; o rei da França, que viu de início esse casamento como uma nova liga que se formava contra ele, soube servir-se dele para dividir seus inimigos e para se pôr em condições de tomar Flandres, se não tivesse preferido a glória de celebrar a paz à glória de realizar novas conquistas.

Se o presente século não produziu menos eventos extraordinários que os séculos passados, devemos concordar que sem dúvida teve o infeliz privilégio de ultrapassá-los no excesso de crimes. A própria França, que sempre os detestou, que a eles se opôs pelo humor da nação, pela religião, e que é sustentada pelos exemplos do príncipe reinante, é hoje, contudo, o teatro em que vemos sur-

(45) N.T.: Batalha travada em 11 de abril de 1677, com vitória de Filipe de Orléans sobre Guilherme de Orange.

gir tudo o que a história e a fábula nos relataram dos crimes da antiguidade. Os vícios são de todos os tempos, os homens nasceram interesseiros, cruéis e debochados, mas, se pessoas que todos conhecem tivessem surgido nos primeiros séculos, falaríamos hoje das prostituições de Heliogábalo(46), da fé dos gregos, dos venenos e dos parricídios de Medeia(47)?

(46) Sexto Vário Avito Bassiano, saudado pelos soldados sob o nome de Marco Aurélio Antonino, dito Elagábalo ou Heliogábalo (204-222), imperador romano (218-222). Ligado ao culto do Baal solar de Êmeso (Síria), foi, muito jovem, sumo sacerdote desse deus, adorado sob a forma de uma pedra negra e com o nome de *El Gebal*, cuja transcrição romana é *Elagabalus* (e também *Heliogabalus*). A legião de Êmeso o proclamou Augusto com a idade de 14 anos. O imperador Macrino marchou contra ele, mas foi derrotado e morto. Seu reinado foi um período de confusões e extravagâncias. Proclamou o Baal de Êmeso deus supremo do império e depositou no Palatino a pedra negra de Êmeso. Os pretorianos o massacraram (extraído de Grande Enciclopédia Larousse Cultural, 1988 - p. 2081).

(47) N.T.: Segundo a mitologia grega, Medeia era uma feiticeira que fugiu com Jasão, um dos Argonautas. Como ele a abandonou, para se vingar, degolou os filhos que havia tido com ele.

Impressão e Acabamento:

Gráfica Oceano